刘备传

李书飞◎著

中国友谊出版公司

图书在版编目（CIP）数据

刘备传 / 李书飞著 . -- 北京：中国友谊出版公司，
2025. 7. -- ISBN 978-7-5057-6120-9

Ⅰ . K827=362

中国国家版本馆 CIP 数据核字第 2025GA3365 号

书名	刘备传
作者	李书飞
出版	中国友谊出版公司
发行	中国友谊出版公司
经销	新华书店
印刷	天津中印联印务有限公司
规格	880 毫米 ×1230 毫米　32 开
	7 印张　145 千字
版次	2025 年 7 月第 1 版
印次	2025 年 7 月第 1 次印刷
书号	ISBN 978-7-5057-6120-9
定价	59.00 元
地址	北京市朝阳区西坝河南里 17 号楼
邮编	100028
电话	(010) 64678009

成就大业，以取得天下人心为本。

前　言

　　他，仿佛是一粒在乱世风暴中摇曳的草籽，却以不屈不挠之志，生根发芽，最终蔚然成林。

　　他，从小就深藏着天子梦想，却又因种种原因而缺乏其他英雄豪杰的些许运气。他渴望像其他人那样放手一搏，追求梦想的自由，然而，"仁义道德"的沉重枷锁却时常束缚着他的行动。在战火纷飞中不断跌倒、爬起、再跌倒，但他从未放弃过自己。

　　刘备的一生，每一程都浸透着挑战与奋斗的血色。他以一介落魄宗室的身份，踏入那个风起云涌的时代，在生死边缘无数次徘徊。

　　从河北的苍茫大地，到江南的烟雨朦胧，再到西南的崇山峻岭，刘备逃跑的足迹踏遍了大半个华夏。然而，每一次跌倒，他都能够把自己的意志锤炼得更加顽强，每一次重生，他的内心都又增添了几分王性。

　　桃园三结义，他与关羽、张飞盟誓同生死，在忠义与豪情的交融中彰显出了非凡的气概；

　　煮酒论英雄，他巧言瞒过曹操自己的野心，在权谋与智谋的较量中展现出了独特的魅力；

三顾茅庐，他恭请卧龙出山；联孙抗曹，他巧妙布局，五虎上将齐聚麾下，威震四方。

然而，命运却似乎与他开了一个残酷的玩笑，火烧连营，白帝城托孤，他的一生充满了坎坷与艰辛。

刘备的崛起，绝非偶然。他从一个不起眼的宗室子弟，成长为一代英雄，背后是无数次失败后的坚持与反思，是智慧与韬略的完美结合。在那个动荡不安的年代，他以超凡的毅力和深邃的谋略，书写了一段段不朽的传奇。

他与曹操走上了截然不同的道路，在这个和平、和谐的时代，他以仁义为底线的创业心法，显然更值得我们认真借鉴和学习。

本书以严谨的历史史料为基础，生动而全面地再现了刘备的一生。它脱离了《三国演义》的文学加工，让我们看到了一个更加真实、更加饱满的刘备形象。读者在轻松愉快的阅读中，能领悟到刘备以草根之身，成功逆袭的智慧与逻辑。

目 录

第六章

养势荆州：喂养大众需求，将卖点引爆

第七章

联吴抗曹：找大鱼傍身，要有制约大鱼的本事

第八章

火拼刘璋：道与义，关键时刻应该分开来看

第九章

沔阳称王：以正合以出奇，给对手一个惊喜

第十章

腹背受敌：势强者恃强逆势，弱势已近

第十一章

称帝成都：没有收拾残局的能力，就不要掀翻桌子

第一章

少年擘画：越是底层越要做好长线布局

白手起家，一靠视野，二靠魄力。换而言之，想要逆天改命，首先就要把自己拉升到与众不同的高度上来，做一些与众不同的事情，给别人制造一种与众不同的感觉。如此，别人才会给你与众不同的机会。可以说，刘备从织席贩履的底层圈子一跃而出，很大程度上，靠的就是他故意炒作的那份"与众不同"。

大树楼桑，是豪杰总要天生异相

　　涿州，镶嵌于北京以南百里之壤，犹如一颗璀璨的明珠，在历史的长河中熠熠生辉。它不仅是燕赵古地经济文化的重要组成部分，更是无数英雄豪杰与文人墨客心灵的归宿，自春秋战国以来，便以其独有的魅力，引人无限遐想。

　　刘备便降生于此。据《三国志》记载，其人身量异于常人，双手垂至膝下，双耳之大，自视可及。也因此，刘备得了个"大耳贼"的诨名。

　　刘备自称，其老祖为汉景帝之子中山靖王刘胜。刘胜的一生，酒池肉林，妻妾环绕，子嗣众多。然而，其子刘贞，却不幸卷入"坐酎金失侯"的风暴，家族光环骤然黯淡，子孙皆沦落为凡民。

　　从今天的视角来看，"坐酎金免"更像是汉武帝刘彻雄才大略之下，一场深谋远虑的权力洗牌。汉时，每至秋八月，新酿之酒香溢宗庙，天子饮酎，诸侯献金，本为表忠心、祈国泰之盛举。然而酎金之下却暗藏玄机，一旦金质不足或分量有误，便是抄家夺爵之祸。汉武帝借此契机，雷霆手段，削藩强干，刘贞之名，便在这历史的洪流中，成了权力斗争的牺牲品。

从刘贞失侯之日起，至曹操表刘备为镇东将军、封宜城亭侯，岁月悠悠，跨越三百年风雨沧桑。在这漫长的岁月里，刘备先祖一脉，再未有封侯之人。

不过，刘备祖父刘雄，曾以孝廉之名步入仕途，最终止步于东郡范县县令之职，虽非权倾一方，却也在乡间享有清誉，算是小有地位。到了刘备的父亲刘弘，依旧在地方州郡间浮沉，职位不高，却也勤勉任事。

奈何天有不测风云，刘弘早逝，家道骤然中落。幼年的刘备，便在这样的变故中失去了依靠。他与母亲相依为命，不得不以贩卖草鞋、编织席子为生，穿梭于市井之间，体验着最平凡的民间生活。当然，英雄不问出处，枭雄更非池中之物。刘备之所以能够成为后世传颂的豪杰，自有其非凡之处。此为后话。

让我们再把视角转回主人公的家乡。古老的冀中平原桑田连绵，自古以来，农家自给自足，耕织并重，家家户户房前屋后，绿意盎然。

老刘家当时的不凡之处，莫过于他们家门口的那棵大桑树。此树非比寻常，五丈之高，蔚为壮观，树冠如盖，遮天蔽日，远远望去，宛如古代帝王出行的华盖，十里八乡，难觅其匹，引得过往行人纷纷侧目，私下议论，此户必出贵人。

童年的刘备，便是在这棵巨桑的庇护下嬉戏成长的。对他而言，贵人与否尚是遥远之事，这棵桑树只是一个他与伙伴们避暑纳凉、嬉戏玩闹的天然乐园。某日,小刘备仰望那遮天蔽日的绿荫,童言无忌间,竟脱口而出:"吾必当乘此羽葆盖车。"。

此言一出,叔父刘子敬神色骤变,严词训诫:"汝勿妄语,灭吾门也!"

想必当时,刘备也吓了一跳,满门抄斩,这个事情可闹大了!

岁月流转,那棵参天桑树不仅见证了刘备从孩童成长到少年,还见证了他幼时的壮志与梦想。待到刘备龙袍加身,登基为帝,这片养育了他的土地,则因他而名扬四海,被后世称为"大树楼桑"。

老刘，你为啥要帮别人养孩子

十五岁那年，母亲拿着平日里辛苦贩履织席所积攒下的微薄积蓄，勉强将刘备送到了本郡著名学者卢植门下。在那里，他与同宗的少年刘德然以及辽西公子公孙瓒成了"恰少年同学"。

母亲这个极具远见的决定，彻底改变了刘备的命运轨迹。从此，刘备不再是大桑树下那个孤苦顽劣的孩子，而是逐渐蜕变成一个满怀壮志、跃跃欲试要争取自己似锦前程的不凡少年。

所以说，教养这条路上，没有横空出世的奇迹，都是有迹可循的因果。那些优秀孩子的背后，潜藏的往往是父母奋力的托举。

正如家庭教育家李茜所说："每个孩子的脚踝处都拴着一个橡皮筋，它连接着的，是父母所站的阶层。假设父母认知足够高，孩子滑落时，它会把孩子拽上去。但如果父母认知很低，孩子往上爬的时候，它会把孩子拽下来。"

在那段不长不短的求学岁月里，刘备与刘德然之间的情谊如何，史料没有详细记载。然而，有一段佳话，却如同春日暖阳，温柔地照耀在少年刘备的寒门之上。

刘德然的父亲刘元起，对刘备的关怀可谓无微不至，不仅物质上慷慨资助，还主动承担起了父亲一般的精神引导角色。此举旁人看在眼中，着实费解，就连刘元起的夫人也起了疑心，问道："咱家与他家，门户各异，缘何待他如此这般？"言语间，透露出几分困惑与醋意。

刘元起解释道："夫人有所不知，吾族之中，有此少年，非池中之物，必成大器。"想来，在刘元起的眼中，少年刘备的格局与气度，早已超越了年龄的桎梏，他已成了家族中一颗璀璨的新星。

关于刘元起之妻是否认同他对刘备的评价，并随之调整了对这位后来英雄的观感，或者有没有找刘备母子的麻烦，历史已将细节深深掩埋，我们无须也无力探寻确切的答案。

而公孙瓒与刘备，他们"情深意笃，互为挚友"。公孙瓒以兄长的角色引领着少年刘备，对这位小老弟既有赞赏，又有赞助，趣味相投，惺惺相惜。

这段友情背后的缘由，虽细节不详，但我们可以从《三国志》的片言只语中推断出一些。

首先，刘备异于常人的相貌，在那个时代被赋予了非凡的寓意，阔面巨耳，如同古寺中庄严的佛像，贵不可言。

其次，刘备的性格特质，是他魅力的重要组成部分。他寡言而谦和，善于倾听而非炫耀，情绪深藏不露，展现出一种超越年龄的沉稳与成熟。这样的性格，或许正是刘元起所珍视的。

而对于公孙瓒来说，刘备身上除那份内敛以外，还有另一番气质——他不喜爱沉闷读书，对美食华服有了解的兴趣。共同的情趣，无疑增强了两人的友谊。这就好比朋友圈里，两个都喜欢洗澡按摩的人，很难不走得更近。

　　再者，刘备热衷于结交英雄豪杰，无论年长年幼，皆愿依附其下。这份特质，加之其非凡的外表与深沉的性格，使得他在人群中格外显眼，总是能吸引人不由自主地靠近他。

借势炒作：面子不够，身份来凑

正是在卢植门下求学这段时间，刘备开始自称中山靖王之后。

前文略有提及，中山靖王刘胜为汉景帝刘启之子，此人生性风流，子嗣众多，多达一百二十余人，其中有一子名刘贞，被封于涿郡，为陆城县侯。

后来，刘贞因一金之瑕，被汉武帝借名削藩，家族自此贬落尘埃，于涿郡繁衍生息，官方便不再记述这一支血脉。所以，从刘贞到刘备父亲刘雄之间，是否存在关联，已无从考证。

不过，《三国演义》一书，妙笔生花，又为刘备祖上虚构了十余代的辉煌。中间的十三位：沛侯刘昂、漳侯刘禄、沂水侯刘恋、钦阳侯刘英、安国侯刘建、广陵侯刘哀、胶水侯刘宪、祖邑侯刘舒、祁阳侯刘谊、原泽侯刘必、颍川侯刘达、丰灵侯刘不疑、济川侯刘惠，不仅爵位蝉联，且封地频换，着实匪夷所思。

再者，三百年光阴荏苒，涿郡之地，刘姓族人已繁衍至数万之众，如星辰散落，难以尽数。这种背景下，刘备巧妙借势，自诩为汉室宗亲，将"皇室血脉""保国安民"之旗高擎，以此构筑起自己坚不可摧的尊贵形象。即便世人心中存疑，却也难以觅得确凿之证，以驳其说。

刘备的这重身份，虽为一流世家所轻视，然于二流世家及庶民之中，却激起了强烈的共鸣与认同。公孙瓒、张飞、关羽等豪杰，皆因其自称皇室宗亲而倾心相交，共图大业。尤为重要的是，汉献帝于乱世之中，不得已之下，亦对刘备的身份予以肯定，此中或许蕴含着皇权旁落、寻求外援的无奈，却也无形中为刘备披上了更为耀眼的外衣。

自此，刘备之名，与汉室宗亲紧密相连，无论是陶谦对他的礼遇，还是三让徐州，皆因其身份而显得顺理成章，水到渠成。《三国演义》中，"刘公乃帝室之胄"一语，更是将其尊贵地位推向了极致。

徐州的风云突变，将他从一方诸侯的宝座上骤然拉落，刘备选择投奔袁绍。袁绍这位北地雄主或许心中暗藏轻蔑，但面对刘备，那份自恃身份优越的高傲终被"皇叔"之名所压制。他亲率众将，出城三十里相迎，不仅是为了彰显自己的豁达胸襟，更是对那抹源自汉室血脉的忌惮。

转而南望，荆州之地，刘表独守一方，对于刘备的到来，他的心中虽无太多波澜，却也无法忽视其汉室宗亲的身份。新野小城，成了刘备暂时的避风港，也是刘表抵御曹操南下的一道防线。在这里，刘备以汉室之名，凝聚人心，蓄势待发，其影响力悄然渗透至荆襄每一个角落。

及至西川，刘璋的一纸邀请函，将刘备引入了更为复杂的局势之中。同为汉室后裔，这份血缘的联结似乎为两人的联盟埋下了伏笔。刘备的智勇与野心，在益州的土地上再次展露，最终反客为主，改写了这片土地的归属。

岁月流转，当曹丕在洛阳的废墟上建立起新的帝国，刘备亦不甘人后，于成都祭天告地，宣布自己承继汉统，国号依旧为汉。这一刻，他便成为无数人心目中汉室复兴的希望之光。皇叔的身份，在这一刻被赋予了前所未有的重量。

小望历史，观刘备一生，波澜与"皇叔"始终紧密相连。他游走于各大势力之间，时而借势而起，时而暗藏锋芒，用自己的智勇与谋略，书写了一段段关于忠诚、背叛、博弈、掠夺、荣耀与牺牲的瑰丽篇章。而这一切，都离不开那抹可能源自汉室的血脉。

个中细节，咱们后文再叙。

出来混，一定要选个合适的背景板

公孙瓒生于今河北省东北部，靠近滦县与迁安一带的古幽州辽西令支。据《后汉书》记载，公孙家族背景雄厚，祖辈多有地方高官。然而，公孙瓒自己的出身却并不光鲜，作为家中的庶出子，其母地位可能非常卑微，甚至仅是侍女或家乐中的一员。

对于普通家庭的孩子来说，能在郡府谋得一份书佐（即负责抄写文书的小官职）工作已属不易，但对于世家子弟公孙瓒而言，这样的职位侮辱性也是极强的。幸运的是，凭借过人的才华，公孙瓒赢得了当地太守的赏识，将其招纳为婿。

什么才华呢？史书说，公孙瓒这个人长得非常好看。当然，这不是重点，重点是，公孙瓒其人，聪慧灵敏，口才出众，记忆力惊人，向领导汇报工作时总是言简意赅，条理清晰，将多项事务一次性阐述清楚且无一遗漏。用现在的话说，这就是一个择偶时的潜力股。

然而，书佐的工作终究不是世家子弟的正途，更撑不起太守女婿的体面，可是苦于缺乏正式的学历背景，公孙瓒很难有机会"转正"。为了尽快突破，老丈人为女婿指明了方向——求学深造，给自己镀一层金。

就这样，公孙瓒来到卢植门下。也正是在这里，他与刘备结下了深厚的同窗情谊，成了志同道合的好朋友。

彼时的刘备，穷困潦倒，一文不名，同学中突然出现这样一位家庭背景显赫，而且已经成功加入官员队伍的人物，自然非常仰慕，大概下了不少功夫去讨好接近。

而公孙瓒愿意结交刘备这种乳臭未干的穷小子，倒是耐人寻味。

其实也不难解释，这二人正是典型的互补型朋友。

公孙瓒性格豪迈，声若洪钟，犹如夏日里的雷霆，每一句笑谈仿佛都能震动四野。他自视甚高，胸怀壮志，不屑于碌碌无为。这样的人物，却因庶出的身份，心中总有一丝难以言说的落寞。

反观刘备，性格内敛，言语不多，情绪深藏不露，擅长谦逊待人，如潜龙在渊，静水深流。两人相遇，仿佛是冥冥之中的安排，性格迥异，却意外地相得益彰。公孙瓒见刘备，有如烈火遇见了寒冰，刘备少年老成的那股沉稳与内敛，恰好填补了公孙瓒心中的落寞与不安。

不过，公孙瓒与刘备的结缘，大概还隐藏着另一层缘由——身份上的相互补足。公孙瓒虽出身名门望族，但庶出的身份难免令他在真正的世家子弟面前抬不起头；而刘备，尽管穷得叮当响，却时常以汉室后裔自居，这份血统的荣耀成了他独特的标签。

想来，在精神层面上，公孙瓒大概也需要刘备这样一位拥有尊贵血统的朋友来为自己增添光彩；而刘备，身处困顿之中，更是急需一位有钱有势的大哥作为依靠。

在此我们不难发现，刘备那一直挂在嘴上的"汉室宗亲"名号，已然在无形中成了他人生中一笔雄厚的财富。

自此以后，在很长的一段时间里，刘备就成了白马将军公孙瓒的帮闲小弟。

年仅十五岁的刘备，在公孙瓒的影响下，血脉中的一项至关重要的品质——敢想敢做、敢做敢当——觉醒了，自己想要的东西就要千方百计地去争取。这意味着他学会了如何规划自己的人生，并勇敢追求自己的梦想，不惜一切代价去实现个人目标。

尽管许多底层人士同样抱有迫切改变现状的愿望，但因为认知和格局受限，他们往往缺乏世家子那种敢于冒险、大刀阔斧的气魄。幸运的是，公孙瓒的适时出现，为年轻的刘备补上了这一课，教会了他那份难能可贵的胆识。这段经历对于刘备来说，无疑是一次脱胎换骨的历练。此时，他已不再是往昔那个懵懂无知的少年。

然而，尽管胸中壮志凌云，但在二十四岁之前，刘备的生活并未发生多大变化。除了偶尔有机会靠好大哥公孙瓒的襄助，身着华服参与上流社会的聚会，大多数时光里，他仍需要往返于市井，以编席卖履为生。

而与此同时，一个长达三百年动荡不安的乱世，正悄然拉开序幕。

汉灵帝重拳出击，拳拳伤己

公元 184 年，东汉的天空仿佛被一层厚重的阴霾所笼罩，黄巾起义的烽火以燎原之势，点燃了东汉的各个角落，将原本就已摇摇欲坠的王朝推向了崩溃的边缘。这场由张角兄弟领导的农民起义，以"苍天已死，黄天当立"为口号，激起了无数底层民众的反抗情绪，一时间，天下大乱，四方云扰。

面对这突如其来的风暴，即便是沉溺于声色犬马的汉灵帝，也不得不从温柔乡中惊醒。从事情发展的态势来看，这显然不仅仅是一场普通叛乱，而是对皇权根基的全面挑战。于是，穷途末路的汉灵帝决意放手一搏，连出四记重拳，试图力挽狂澜，却未料到，这拳拳重伤的，都是自己的汉家王朝。

第一记重拳，急召外戚何进入京，委以大将军之职，意图借其家族势力稳固京畿，保卫皇城洛阳。

然而，何进虽贵为外戚之首，却胸无城府，行事鲁莽，他的到来非但没有平息内乱，反而成了宦官与外戚斗争的导火索。两股势力在权力的牵引下，闹得不可开交，最终两败俱伤之后同归于尽，只留下一片狼藉的朝堂和权力真空的京城，为后来的董卓、李傕、郭汜乃至曹操等军阀的崛起，铺平了道路。

第二记重拳，下令加强函谷、太谷、广城等八关之防，试图在洛阳城外围筑起一道坚不可摧的防线。

可是，这一举措非但没有有效遏制黄巾军的攻势，反而耗尽了朝廷的财力与民力，使得本就虚弱的中央财政雪上加霜。那些高耸的关隘，最终成了见证王朝衰落的石碑。

第三记重拳，调动全国军队，派遣名将卢植、皇甫嵩、朱儁等人，对黄巾军进行重点围剿。

这一战略在初期确实取得了一定成效，张角等黄巾首领相继陨落。但与此同时，它也打破了地方军队原有的平衡与界限，赋予了它们更多的自主权与扩张欲望。各路军阀借平叛之名，行割据之实，逐渐形成了群雄逐鹿的局面。

第四记重拳，下达全国总动员令，号召各地豪强、士族乃至普通百姓组织武装，共同抵御黄巾军。

这一政策虽在一定程度上缓解了朝廷的军事压力，但也为地方势力的崛起提供了合法化的土壤。从此，私兵林立，军阀混战，东汉王朝彻底陷入了四分五裂的境地。

汉灵帝的这四记重拳，每一击都看似雷霆万钧，实则自伤其身。它们不仅未能挽救东汉王朝，反而加速了它灭亡的进程。后世之君在面临类似困境时，多以汉灵帝为鉴，谨慎行事，力求在维护中央集权与激发地方活力之间找到微妙的平衡。

想必，后世若是哪个君王犯起糊涂，他的大臣也极有可能提醒一句："陛下，你翻开史书看看汉灵帝！"

桃园三结义：不正常的人才有不平常际遇

黄巾之乱如狂风骤雨般席卷而来，搅扰着枭雄辈出的乱世舞台，也为刘备提供了一个创业的大风口。

在时代的十字路口上，刘备面临着双重抉择——是一头扎进起义浪潮，推翻腐朽的朝廷，自立门户，还是扎根地方，以正义之师平息这场浩荡的民变风暴？

理性权衡之下，刘备选择了后者。

显然，为朝廷效命，奖赏和荣誉来得相对轻巧，是一条风险相对可控的创业之路。

反观黄巾军，虽然声势浩大，看似众志成城，却欠缺正规军的训练与装备，骨子里的认知缺陷也使得这些临时会聚起来的底层武装，看上去更像是瓦合之卒。约四百年前的陈胜和吴广，不就是前车之鉴吗？

思及此，刘备毅然竖起"兴复汉室，安定苍生"的大旗。他巧妙借势，以皇室后裔的身份构筑起一座道德的堡垒："身为皇室一脉，怎可悖逆家国，自毁长城？今民不聊生，贼影偷偷，吾辈当挺身而出，护汉室周全，救万民于水火之中！"

凭此正气凛然的名声，刘备在家乡招募勇士，囤积粮草，构建起一支规模有限的武装力量。他的麾下，会聚了四面八方的英豪，既有本地的热血青年，也不乏远道而来的志士。其中，关羽与张飞，这两位日后傲视群雄的上将，便是在此时与刘备结下了不解之缘。

对于这一段，《三国演义》中有叙述，用白话来说，内容大致如下。

刘焉广发招军榜文之时，刘备已至二十八岁（实则二十四岁）。阅毕榜文，他心生感慨，不由长声叹息。这时，一人语调严厉，大声呵斥："大丈夫本当为国效力，在这里长吁短叹干什么！"刘备回首望去，只见一位身材魁梧的壮士，身高八尺，豹首环眼，胡须浓密若虎，声若洪钟，气势逼人。刘备被这异于常人的相貌所吸引，遂询问其姓名。那人自称张飞，字翼德，乃涿郡本地人氏，家境殷实，却偏好以酒肉会友，结交四方英雄。见刘备叹息，故而询问缘由。

刘备自报家门，道出自己身为汉室宗亲，因黄巾之乱四起，心虽怀平叛安民之志，却苦于势单力薄，故而长叹。张飞闻言，慷慨表示愿倾其家财，招募乡勇，与刘备共襄盛举。刘备闻言大喜，遂与张飞一同前往村中酒馆开怀畅饮。

酒至半酣，忽见一位雄伟汉子推着辆车载货而来，在酒馆前稍作歇息，随即步入店内，急呼酒保上酒，言称需急赴城中应募从军。刘备细致打量此人，见他身高九尺有余，髯须长及二尺，面色赤红犹如重枣，唇色鲜艳如脂，双目狭长而有神，眉如卧蚕，仪态非凡，英气逼人。刘备随即邀请他同桌共饮，并询问其姓名来历。此人自称关羽，字云长，原为河东解良人，因不忍家乡恶霸横行，愤而除暴，不得已逃难江湖已历五六年。今闻有招军平乱之事，特来应募。刘备便向关羽坦陈心志，关羽听后，大感欣喜。

三人相谈甚欢，决定前往张飞庄园共商大计。张飞提议："吾庄园后有一片桃林，正值繁花似锦之时，不若明日于此间设祭天地，我三人结为异姓兄弟，同心协力，共谋大业。"刘备与关羽听后，齐声赞同，认为此计甚妙。

次日清晨，于那片绚烂的桃林之中，刘备、关羽、张飞备齐乌牛白马等祭祀用品，焚香叩拜，许下庄重誓言："刘备、关羽、张飞，虽异姓骨肉，但自今日起，结为兄弟，誓必同心同德，救困扶危；上报效国家，下安抚百姓。不求生于同时，但愿死于同日。苍天后土，鉴我此心，若有背信弃义之徒，天地人神共诛之！"誓约既定，三人以刘备为兄，关羽次之，张飞为弟，结拜为兄弟，誓要携手共创一番功业。

当然，这只是演义中的桥段，并不见于正史。但关羽与张飞皆于刘备创业初期前来投奔，这是事实。

关羽当时是一位背负血债、漂泊江湖的侠士；张飞则是一位怀揣壮志、主动归附的小地主。对于底层出身的他们而言，能够与"皇亲国戚"并肩作战，这简直是天大的机缘，是普通人八辈子修不来的福分，岂有不珍惜的道理？

当然，更深的缘分，应该来自刘备那种温暖人心的力量——以情动人、以情驭人，向来都是这位乱世英雄的拿手好戏。

其次，三人气场相近、意气相投。

气场这种东西，犹如不可见的引力波，悄无声息却又力大无穷，左右着人与人之间或近或远的距离。

刘、关、张"恩同手足"，其间的气场之合，堪比天作。仿佛灵魂深处的共鸣，使得白日共商大事，夜幕同榻而眠，皆成自然，无丝毫造作之感。这背后，隐藏的是一种共同的胆略与豪迈，这种胆略与豪迈是乱世中最为耀眼的火种。

试想常人，若逢世道沧桑，大抵会先思量如何囤积粮食，寻一处避风所，安稳度日。

刘、关、张显然都不是这样的人。

张飞家资颇丰，却毫不犹豫地将这份来之不易的安稳拱手让于刘备，决心与他共图大业，此举不仅非比寻常，还是勇气与信任的极致体现。

关羽身负命案，本应隐姓埋名，苟且偷生，但他偏不，反而在风口浪尖上，再扬刀光剑影，誓要闯出一片新天地。这等豪情，哪里是寻常人所能企及？

再说刘备，他顶着八竿子打不着的皇族子弟身份，就敢高举匡扶汉室的大旗，这份野望与胆魄，完全不输一百多年前的汉光武帝。

总之，这三位的行事风格，都不是正常人的思维套路。

不正常的人，必然会遇到不正常的事情。

河北定县前往涿县贩马的土豪张世平、苏双一见刘备，就主动倾囊相赠。史书上没有细说捐赠多少，但数额肯定不小。

如果故事到此为止，刘备的人生可谓顺风顺水。然而好事自古多磨，刘备的"磨"，若是条分缕析，展现出来的，简直是地狱历练级别的。

不过，也正是这些极端的考验，更显刘备难得。千载之下，英魂尤烈！

徐州操盘：在风口中时刻把握形势动向

　　要想起势，先要养势。小人物的崛起，往往伴随着对时局的精准把握与深厚势力的积蓄。刘备从公孙瓒的帮闲小弟，到坐拥徐州，成为一方诸侯，便是对这一法则的生动诠释。在这个过程中，养势者需以宁静的心态来坚定自己的志向，使精神内守于心，如此，潜藏的威势便能愈发强大。

草根翻身第一仗，打得漂亮

公元 185 年，黄巾之乱的第二年。时年二十四岁的刘备如初升的朝阳，携关羽、张飞，以及一支虽小而精的私军，踏上了逐鹿中原的征途。

彼时，朝廷为应对黄巾之患，祭出了第四道重锤——全国总动员，号召"列将子孙及吏民有明战阵之略者"，皆可投身报国，共赴国难。这"列将子孙"，自是包括了如孙坚、曹操这样的官宦之后，而刘备，则以一介"吏民"之身，积极响应。他的心中或许有对家国天下的担当，但更多的，应该是对个人命运的筹谋。

汉灵帝或许真的怀着"率土之滨，莫非王土；普天之下，莫非王臣"的理想，却不知这理论上的美好愿景，在现实的土壤中难以生根发芽。譬如刘备，他招兵买马，自己筹集武器和粮饷，初衷显然更多的是为了在这片乱世中，为自己，也为追随他的兄弟们，博得一片天地。

朝廷的动员令，本意是汇聚四方之力，共御民乱，却不料，它更像是一块试金石，试出了人性的复杂与时代的残酷。无数"有识之士"在乱世中嗅到了机遇的气息，纷纷揭竿而起，以"报效国家"之名，行逐鹿中原之实。他们如同蓄势待发的鲤鱼，一旦风起云涌，便试图跃过龙门，化身为龙。

当然，这乱局的根源，不能全然归咎于朝廷，更不能单一指责汉灵帝一人。黄巾起义作为中国历史上首次以宗教为旗帜的民众起义，它如同一声惊雷，震醒了沉睡已久的东汉王朝，也暴露了其内部的腐朽与虚弱。张角等人，凭借宗教的力量，将民众的苦难汇聚成海，其声势之浩大，让朝廷不得不采取极端手段，以图自保。

于是，我们看到了这样一幅画面：一边是朝廷的无奈放权，一边是各路豪杰的趁势而起。在这场历史的大戏中，每个人都是自己命运的主宰者，也是时代洪流的推动者。刘备、曹操、孙权……这些未来的三国霸主，正是在这样的背景下，一步步从籍籍无名走向了历史的舞台中央。

当然，起于社会最底层，在二十出头的年纪，刘备还不可能具备乱世枭雄的战略眼光。我们用今天的视角来分析历史，多多少少有点"事后诸葛亮"的意味。乱世于时人来说，不啻于雾中花、水中月，每一步都需摸着石头过河，那份未知与挑战，唯有亲身经历者方能体会。

不过可以肯定的是，此时的刘备有着清晰的思路，知道自己接下来该做什么。他仿佛天生便是时代的弄潮儿，虽然一穷二白，却敢于放手一搏，成了最早一批"下海"逐鹿的枭雄之一。本钱虽少，志气却高。

黄巾之乱是刘备初试锋芒的舞台。在家乡涿郡，他挺身而出，率众平叛，那份果断与豪迈，已锋芒初现。他还跨域作战，远赴青州，参与了几乎撼动整个北方局势的黄巾首领张纯讨伐战，其胆识与魄力，可见一斑。

战场之上，生死瞬息，胜负难料，刘备亦曾遭遇强敌，身负重伤，若不是急中生智，装死避祸，恐怕历史的车轮早已将他湮没。

黄巾之乱中，刘备因为作战有功，被赐中山安喜尉一职，工作地点在河北的定州。官职虽不大，但对他来说，从"摆地摊的个体工商户"摇身一变成了在编官员，这翻身的第一仗，打得足够漂亮。

鞭笞督邮，小爷我不干了

近代西方思想与哲学领域中一门独特的学科——失败学，引起了广泛关注。这门学问专注于对各种失败案例进行深入剖析，旨在从这些看似负面的经历中提炼出有益的启示与教训。

倘若让蜀汉开国皇帝刘备来主持这场关于失败的深度对话，那将是怎样一番别开生面的场景呢？

刘备可以说是历史上不折不扣的"失败学"实践大师，比起那些纸上谈兵的理论家，他是真刀真枪干出来的实战家。想当初，织席贩履出身，一路跌跌撞撞，从幽州到荆州，再到益州，每一步都走得很艰难，但他又总能在逆境中燃起希望之火。

刘备任安喜尉不久，朝廷派遣督邮巡视地方，名为巡视，实则是为了清理门户，旨在剔除那些在黄巾之乱中崭露头角、新晋入仕的官员，以防地方势力坐大，威胁中央集权。此举背后，是朝堂之上新旧势力的较量，旧有贵族不愿与新贵共分天下。

类似刘备这种一没有钱、二没有背景的底层苦力，自然成了

"卸磨杀驴"的首要目标。与此同时，孙坚与曹操也面临着相似的困境，但人家家族底蕴深厚，能够轻松化解，成功跻身主流政治圈。

刘备肯定不愿意坐以待毙，他首先尝试以"礼"相待，企图用诚意来打动督邮，保住官位。然而，督邮身为官场老手，深知此行使命的重要性，岂敢"徇私忘公"？

好不容易奋斗上来，又要被人踹下去，这可真把刘备逼急了。

一日，督邮按例传唤刘备会面，刘备利用这个机会，带领亲信突然闯入，将督邮绑了个结结实实。原本，刘备或许只是想以此作为谈判筹码，威胁对方网开一面，对自己手下留情，但当他弄清事情真相，发现督邮根本无法给予自己任何实质帮助后，他心中的怒火彻底爆发了。他怒不可遏地将督邮绑至树下，亲手执鞭，狠狠地抽打了上百下，几次想要取其性命。最终，理智还是战胜了冲动，刘备放过督邮，自己则踏上了逃亡之路。

令人意想不到的是，事后朝廷对此事并未深究。这背后，或许是督邮的妥协。在目睹了刘备的狂暴之后，督邮或许意识到，这些出身底层的草莽虽无显赫家世，却也不能任意践踏。既然自己的任务已经完成，为了避免日后遭到报复，督邮很可能在私下里为刘备的行为做了遮掩，使得刘备得以逃脱进一步的惩罚。

这件事充分体现了刘备能屈能伸的性格。"督邮事件"中，他既没有纯粹地宣泄愤怒，也没有一味地忍气吞声，而是精妙地把握了分寸。他的行为是对不公的挑战与警告，让人看到的是他的果敢与刚烈；而后释放督邮，则是智慧与底线的坚守，既标榜了自己的仁慈，又避免了将势态扩大，惹来朝廷的追杀。

逃亡后，刘备并没有归乡避难，而是转战丹阳郡（治所在今安徽宣城），并在这里遇到都尉毌丘毅，他欣然加入对方的队伍，再次领兵讨伐黄巾军，因功又披官袍。这期间，无论是在下密担任丞职，还是在高唐担任尉官，刘备都尽心尽力，试图通过努力扭转自己的命运。

然而，命运似乎总喜欢与愿意努力的他开玩笑，公元190年，黄巾军踏破高唐的宁静，覆巢之下，刘备的仕途又一次戛然而止。

权衡形势与利弊，刘备毅然转投公孙瓒。

相较于刘备的落魄不堪，老同学公孙瓒此时已然声名鹊起。

拜别卢植，重归辽西，公孙瓒可谓平步青云。

起初，他以铁血之姿，抵御鲜卑铁骑于塞外；继而又挥师参与平定张纯之乱，其英勇果决，深得朝廷赏识，由是擢升为涿县令，再进骑都尉，乃至中郎将，并荣封都亭侯，一时之间，声威赫赫。

黄巾之乱席卷而来，公孙瓒再次挺身而出，率领麾下健儿，以赫赫战功，被拜为奋武将军，并赐封蓟侯，其威名更盛，成为乱世中一股不可小觑的力量。而后，汉室倾颓，献帝为团结有生力量，特遣使臣，加封公孙瓒为前将军，并赐易侯之爵。

这种同学之间的对比，着实令人尴尬，寻常人恐怕远远见到对方都会避之不及。但刘备显然不会如此高敏感，羞耻感重的人也很难做大事。

刘备的性格中，既有果敢刚烈的一面，也有深思熟虑的沉稳，既喜欢往自己脸上贴金，也可以在关键时刻一点不要面子，更难得的是他广结善缘，人缘极佳。尽管此时的刘备或许还没有问鼎天下的宏伟志向，但每一次跌倒后的重起，都反映了他坚韧不拔的意志和不屈不挠的精神。

面对官场的排挤、黄巾军的蹂躏，刘备以一种近乎倔强的姿态，默默前行，不断寻找着属于自己的舞台。用煽情一点的话说就是，即使前路漫漫，充满未知与挑战，只要心中有光，脚下就有路。

那么与刘备相比，我们生活中所遭遇的那些小挫折，又算得了什么呢？

公孙瓒见刘备来投，为了给自己帮闲小弟谋一份出路，遂上表朝廷，奏请封其为别部司马。依据《后汉书·百官志》所载，别部司马一职，虽隶属于将军之下，却享有相当的独立性，掌管兵马，随意调遣，这无疑为刘备提供了一个施展才华、壮大实力的舞台。在此职任期间，刘备可能并未直接参与公孙瓒对黄巾军的血腥镇压，但那段时光无疑磨砺了他的意志，增长了他的见识，更为他日后独当一面奠定了基础。

随后，刘备随公孙瓒南征北战，虽在与董卓的较量中未建奇功，却在与袁绍的对抗中崭露头角，与田楷共克难关，屡建战功，终得平原相一职。

平原相，对刘备而言，不仅是一个官职的晋升，更是他政治生涯的转折点，标志着他开始从依附者向独立诸侯转变。

回顾刘备屡次投靠他人的历程，我们不难发现，他之所以能够在寄人篱下的情况下不被吞并，关键在于始终坚持独立性原则。他的投靠，既非盲目依附，亦非一味顺从，而是在良禽择木而栖的同时，积极寻求自身发展的机会，不断提升自身实力与影响力。这种策略，不仅是他在乱世中生存的手段，还是他徐图大业的主要谋略。

第一，刘备辗转于各个势力之间，始终想方设法建立、保持并发展自己的独立武装。

他深知，依附于强者虽可暂避风雨，但若失去自我，终将沦为他人附庸。因此，他巧妙地利用每一次机会，既借他人之力以壮己，又巧妙维系自我独立，逐步构建起属于自己的力量体系。

第二，刘备能忍受委屈，不挑活。

自公孙瓒始，无论是陶谦委以抗曹重任于小沛，吕布邀其共守小沛以防曹操与袁术，袁绍遣其至汝南策应后方以攻曹操，乃至刘表安置他于荆州北疆新野以拒曹军，他皆欣然领命。反正大佬让我做什么我就做什么，脏活累活都可以做，而且绝无二话。

第三，刘备能够打造高凝聚力的团队。

这是很多成功人士的特质。他们志向远大、格局大，故而能以和善包容的姿态对待他人，对部属的过失更是能够给予不寻常的宽容与理解。正如《孙子兵法》中所说的那样，"视卒如婴儿，故可与之赴深溪；视卒如爱子，故可与之俱死。"

第四，刘备化敌为友的能力非常强。

看三国史我们可以发现这样一个现象，即便是与刘备为敌者，亦往往难以对其心生恶感，反而在交锋之后，对其人格魅力有所钦佩。这源于刘备在战争中展现出的宽仁与节制，他从不滥杀无辜，不施暴政以震慑人心，反而在关键时刻，总是以道义为旗，行止间不失风骨与豪情，这在三国乱世中，是一种独特的"行为艺术"。

当然，刘备的驭人处世艺术，其中不乏真诚，不像坊间调侃那般，全是伪善，否则他不可能以微薄的资本，会聚四方英才，即便历经无数次挫败，团队依旧不散。

最终，刘备如同乱世中的一枚坚韧的铁核桃，任凭风雨飘摇，世事更迭，众多他所依附的豪杰纷纷陨落，他却笑到了最后，

援助孔融，品牌影响力是拼出来的

刘备前后只在平原县工作了两年，却一刀一枪把自己的品牌影响力拼了出来。任平原相是刘备草根人生的转折点，他这个默默无闻的小角色，慢慢拥有了主角的光环。

时值各路军阀混战之际，但大家仍不忘忙里偷闲，赞誉刘备治理平原县的功绩：

辽东太史慈称他"有仁义之名，能救人之急"；

广陵太守陈登赞他"雄姿杰出，有霸王之略"；

北海太守袁绍言其"弘雅有信义"；

河北王沈则道："外御寇难，内丰财施，士民归心。"

刘备形象自此奠定，雄略日增，信义与仁爱广传。任平原相期间，他勤政爱民，征战亦有方。配合青州田楷抵御袁绍，一座小城，袁绍两年未破；打黄巾军更是卓有成绩。

北海名士孔融，才华横溢，名扬四海。然而，政治与军事能力不足，尤其在黄巾之乱的时代背景下，更显步履维艰。正如董卓所预见，孔融不幸陷入黄巾军将领管亥大军的重围之中，局势岌岌可危。

千钧一发之际，孔融委派太史慈突出重围，前往平原县向刘备求援。太史慈不负所望，成功穿越重重封锁，抵达平原。刘备面前，他言辞恳切："北海孤城危在旦夕。孔北海素闻使君仁义之名，常怀救人之志，故迫切期盼使君援手。我甘愿以身犯险，只为传递此讯，望使君能慨然相助，共渡难关。"

太史慈这番话难免有恭维刘备之嫌，北海与平原离得近，大概才是孔融选择向刘备求救的主要原因。然而，此举对于刘备而言，意义非凡。

彼时，孔融在上层社会与民间皆享有极高的声望，其言论对公众舆论有着不可估量的影响力。

刘备此时正迫切渴求外界的认可与扶植。相较于袁绍的显赫门第、曹操的宗族威势及孙坚的地盘根基，刘备的优势并不明显。其"汉室宗亲"之名，在当时并未带来实质性的助益。故而，塑造正面的个人形象对刘备而言至关重要。援助孔融，无疑能大幅增进其仁义之名的传播广度。

闻太史慈所言，刘备心生感慨："孔北海竟知我刘备！"言罢，他毅然决然地率领关羽、张飞及麾下军士奔赴孔融之难。后人多视此为孟浪之举，毕竟刘备彼时隶属于公孙瓒，其职责是驻守平原防御袁绍，抽身救孔融成败难说，无疑是场豪赌。

然而，对于意在乱世中一展宏图的刘备而言，老同学之情固然重要，但借此契机打破地域局限，迅速扩大自身的影响力，显然更重要。是以，此番冒险，于他而言，非常值得。

徐州血案，借壳上市再升级

公元193年，一场突如其来的变故打破了徐州的宁静。徐州牧陶谦麾下张闿，利令智昏，竟将杀人越货的勾当办到了曹操头上，致曹操的父亲与弟弟惨死在徐州境内。

男人有两大不可忍：杀父之仇！夺妻之恨！曹操怒不可遏，誓要复仇，于是兴兵讨伐陶谦。

按《三国志》记载，曹操大军所至之处，人挡杀人，魔挡杀魔，锐不可当，怒焰滔天。陶谦见势不妙，仓皇逃至郯县（今山东郯城）避难。然而，曹操并未就此罢休，他继续围攻郯县，虽因粮草不济，被迫撤走，但在回师途中，依旧一路杀戮，所过之处，皆被夷为平地，男女老少数十万人惨死于复仇的屠刀之下，泗水亦被尸体堵塞。

经此一战，陶谦心知，自己已然不是曹操对手，曹操再来，恐怕死的就是自己，于是他向盟友公孙瓒求援，求借刘备"到此一游"。

那么问题来了，汉末枭雄辈出，陶谦为什么偏偏选择了刘备，难道因为他很能打吗？

并不是，因为他现在还很弱，毕竟，如果陶谦邀请吕布这样的猛人来看场子，那就真是请神容易送神难了。只是陶谦此时还没有意识到，看似忠厚仁义的刘皇叔，其实比吕布更不简单。

公元194年，曹操去而复返，再犯徐州。刘备倾其麾下五千余众，疾驰来援。此番助力陶谦，刘备押上了在公孙瓒处积攒的全部家当，去做好事，博美名，或许还能换取更广阔的发展空间。

陶谦得知刘备到来，大喜，送上最高规格礼物：上表奏请刘备为豫州刺史，并请其屯兵小沛，共同抵御曹操。至此，刘备再度完成升级，正式跻身汉末逐鹿群雄之列。

此战，曹操先克郯城，刘备合陶谦所增四千兵马，共万余人，于郯城东设伏，仍不敌曹操锋芒，铩羽而归。然而，战局忽现戏剧性转变，被曹操委以重任、视为手足的陈留太守张邈，竟在兖州举旗反曹。

最好的哥们儿，与仇人联手，对自己痛下杀手。曹操对人性的最后一丝幻想，大概从此时起，便破灭了。

看官可能不知道，曹操与张邈的关系曾经究竟有多好。

想当年，张邈与袁绍交恶，袁绍愤而要求曹操除掉张邈。曹操挺身而出，掷地有声："让我背弃兄弟，你想多了！"

曹操首征徐州，回师之时，二人执手相望，竟无语凝噎。

可是，人性终究经不起利益的考验，尤其是生死攸关的利益。曹操纵使智计百出，亦不会料到，张邈竟然会背叛自己。

原来，袁绍击败公孙瓒之后，势力日盛，张邈深恐曹操顶不住压力，最终将矛头指向自己，于是暗中与吕布勾结，上演了一场惊心动魄的背叛大戏。

曹操原本狂放豁达，对张邈更是深信不疑，视其为手足兄弟，委任他镇守后方。张邈的背叛，如利刃穿心，自此，曹操便患上了"被迫害妄想症"，变得越发冷酷、多疑、杀伐果断，虽然骨子里依旧十分浪漫。

根据地危在旦夕，复仇之心只得暂且搁置，曹操急匆匆调转马头，杀回兖州，血战吕布。两军你来我往，互有胜负，谁也没占到便宜。

此时，一场前所未有的大饥荒悄然降临，人间惨状，易子而食。两军皆受影响，这才息鼓罢战。

袁绍立刻乘虚而入，花言巧语，天花乱坠，企图将曹操招至麾下。

曹操面对现实与理想之间的残酷，经历了父亲的骤逝、兄弟的背叛，心中已然千疮百孔，竟一度萌生了归隐袁绍麾下，远离江湖纷扰的念头。幸而，程昱站了出来，一针见血地指出：袁绍虽然野心勃勃，终究不是雄主之才，其结局注定悲凉。若主公您投身袁绍麾下，恐怕将重蹈韩信、彭越覆辙。还望三思。

曹操深以为然，心中即将熄灭的斗志，再次被点燃。于是凭借手中仅存的三个小县，拼命与各路诸侯周旋。待到元气有所恢复，便向吕布发起猛烈攻势。这一次，曹操三战三捷，终于将兖州失地重新夺回手中。张邈三族因此遭到了灭顶之灾，吕布则如丧家之犬，仓皇向徐州方向逃窜。

　　张邈、陈宫精心策划的兖州易主事件功败垂成，但是陶谦赠送徐州给刘备，却"极不容易"地送成功了。

野心再大，吃相必须要好看

陶谦在经历两次关乎生死的激烈防御战后，终是洞察了时局的残酷：这烽火乱世，已是豺狼虎豹的天下。往昔那种坐享权柄，指点江山的闲逸，早已随战火消逝，不复追寻。

徐州之地，大半已落入曹操之手，以曹操的野心来看，显然不会止步于此。即便曹操暂时按兵不动，吕布、袁绍亦虎视眈眈。陶谦的心，早已被无尽的恐惧与忧虑所填满，他再也无法忍受这样的生活，更不愿让自己的骨肉至亲跟着自己一起生死难料。

于是，一个想法在他心中发了芽——要不然，把这烫手的徐州送给刘备吧！老夫安享晚年，让皇亲国戚去为国捐躯。

反正已是握不住的沙，何不随风扬了它。

当断则断，说干就干，陶谦旋即上表举荐刘备为豫州牧，使其成为割据天下的十三州诸侯之一，更公开表示，愿将徐州牧之位传给刘备，并且一再强调："非刘皇叔不能安此州也！"

刘备沉默不语，未推辞，也未接受。正史中并未记载他是如何回复陶谦的，他大概是在等，在静默中等待一个可以掌控话语权的时机。

这年冬天，惶惶不可终日的陶谦终究没能等到刘备来交接，因为他先一步等来了生命的终结。而屯驻小沛的刘备，依旧在沉默中等待。

这足以见得刘备的了不起。

之所以说刘备了不起，并非因他本意无争，却意外获得权柄，而是他虽有饕餮野心，却懂得以不争为争，静待时机，谋定后动。

初抵徐州，刘备获陶谦慷慨相赠的四千丹阳精兵，他旋即借此契机，脱离公孙瓒，转奉陶谦，其对徐州的觊觎之心，跃然纸上。

乱世之中，英雄辈出，各展其能，刘备自有他的独到之处。他能忍气，能忍辱，也能忍住呼之欲出的七情六欲和利益野心，所以相比曹操，他的人设更为体面，吃相也更好看一些。

刘备首先等来了徐州别驾麋竺。麋竺以完成陶谦遗命为由，率众亲至小沛，恭请刘备接任徐州牧，刘备谢绝。

随后，广陵太守陈登又至，极力强调徐州富庶，力劝刘备借机建功立业。刘备则开玩笑说：我老刘何德何能，还是请袁术接管徐州吧。陈登当即翻脸，直言袁术无才。言下之意：就算你刘备不想接，也别"乱点鸳鸯谱"，你可真是个"老六"！

接下来出场的是孔融，他对刘备说：袁术已如冢中枯骨，而徐州上下皆对你刘备寄予厚望，就算为了徐州苍生，难道你就不能勉为其难吗？你若此时不领，日后生灵涂炭，必将追悔莫及。

孔融在当时是非常有影响力的，这一番慷慨陈词，真是让刘备"左右为难"。

最终，在众人轮番劝说、鼓励与拥戴下，刘备十分不情愿地领受徐州牧。

至此，操作已成，不仅徐州百姓心悦诚服，就连诸侯之中也不乏赞誉之声。袁绍便曾高调表示："刘玄德高雅有信，乃徐州百姓心之所向，众望所归。"

把人心拿捏到这个程度，实属罕见。

阴阳吕布：弱势时，要有弱势者的手段

身处逆境，若想力挽狂澜，实现逆风翻盘，就必须敏锐捕捉局势的阶段性转变，顺应时势，灵活调整策略。唯有如此，方能在重重困境中披荆斩棘，化险为夷，引领事情朝着有利于自己的方向发展。坐失徐州，刘备为吕布所制，且看他如何施展反制手腕，给予吕布致命一击。

想摧毁敌人，先给他大哥般的待遇

公元 194 年岁末，刘备正式接掌徐州，将治所安设于下邳，开启了他在这一方天地的布局。然而，板凳未热，挑战接踵而至。

首要难题，徐州满目疮痍。刘备接手之际，徐州西部诸多城池已落入曹操之手，南部被袁术蚕食，北部亦有所失守，所幸公孙瓒、袁绍还算友善，未做进一步逼迫。徐州实力，至此已大打折扣。

继而，公元 195 年，吕布被曹操击溃后转投刘备。吕布是乱世中不折不扣的小人，唯利是图，为达目的不择手段，他小人得很彻底，不过也小人得很单纯。刘备屡试不爽的"以德服人"的哲学，能否在三姓吕布身上起到作用，又是一大考验。

再者，南阳袁术，虎视眈眈。袁术于乱世之中率先喊出了称帝口号，既然要称帝，自然要问鼎中原。徐州这块位于他嘴边的肥肉，他势在必得。可以说，这一时期，袁术才是刘备最大的威胁，或者说，是徐州最大的威胁。

对于刘备而言，这无疑是一场前所未遇的挑战。然而，历史证明，这依然没有触及刘备的上限。

初掌徐州，刘备便着力整顿军备，以应不测。在对外交往方面，他更是巧妙周旋，与曹操、袁绍、公孙瓒等诸侯尽力保持友好关系，以防四面受敌。

在刘备的心中，徐州的主要威胁者始终是袁术。这一判断基于深远的考量：一方面，刘备已然高举匡扶汉室的大旗，而袁术作为率先称帝的乱臣贼子，自然成了他必须直面的头号敌人。若对袁术视而不见，刘备将失去道义上的制高点。

另一方面，袁术对徐州垂涎已久，其野心昭然若揭，毫无回旋余地。因此，与袁术的较量，只是一个时间问题。

刘备一生始终将"匡扶汉室"作为战略布局中最重要的一环，这使他受益匪浅。

公元196年六月，袁术在充分酝酿之后，终于杀向了徐州。

两军在如今江苏省的盱眙、淮阴一带摆开阵势，激战月余，战况胶着。

此时，袁术与吕布暗通款曲，许诺送上二十万斛大米，条件是，吕布需为其策应，袭击下邳，合击刘备。

同时，驻守后方的曹豹与张飞互相拆台，内部倾轧，一片混乱。吕布闻讯杀来，徐州迅速沦陷。

我们站在事后诸葛亮的角度上说，假使后方未生内乱，刘备本有机会力克袁术，重演在青州平原县时的辉煌——外抗强敌，内治民政，从而成就一番霸业。

然而，残酷的现实却是，刘备的事业刚有起色，就遭遇了致命一击，不仅后方储备的军需物资丧失殆尽，就连自己和部下的家眷也一并落入吕布手中。他本已坐拥一州之地，却转瞬之间沦为颠沛流离的残兵败将，真是悲惨到家了。

　　痛定思痛，刘备带着残部，携关羽以及从下邳侥幸脱身的张飞、麋竺、孙乾等人，一路溃逃至东海之滨的海西县，前有残暴凶敌，后是苍茫瀚海，刘备此时，已是退无可退。

　　绝境之中，凭借敏锐的形势判断，刘备做出一个令人瞠目结舌的决定——投奔吕布。这一步棋，看似风险很大，却也是刘备根据当下局势所能做出的最优选择。

辕门射戟：沉默者的沉默震耳欲聋

毫无疑问，刘备做出这一决定是极为睿智的。这一布局的背后，是他对吕布心理与当时局势的精准拿捏。

当初，吕布走投无路前来投奔，刘备以仁厚胸襟接纳了他，并给予了一定的信任。然而，吕布却不顾道德底线，利用形势，对恩人反手就是一刀。这样的举动，即便是恶贯满盈之人，心中或许也会有所愧疚。

更关键的是，吕布抓了刘备团队众多成员的家属，包括刘备的亲人。这种情况下，标榜仁义道德的刘备不能置身事外，他必须挺身而出，即便危险系数很高，也要全力以赴。因此，选择投靠吕布，实际上也是为了稳定团队内部的人心。

再者，袁术对徐州垂涎已久，他与吕布之间早晚都会反目成仇。而刘备的存在，可以增强吕布实力，对于防守徐州的重要性不言而喻，这也是刘备投靠吕布的另一个有力支撑。

真正高明的策略，往往蕴含在朴素无华的逻辑之中。而高手的境界，便是能够超越情绪的羁绊，做出最为理智的选择。刘备便是如此，尽管从情感上来说，他对吕布恨之入骨，但他却能抛开个人恩怨，着眼于大局，这是真正的高手才会具备的素质。

历史的发展，基本符合刘备推断。

吕布不仅表奏刘备担任豫州刺史，还为他配备了刺史应有的车马、童仆，并亲自在泗水上为刘备及其家人、部曲送行，场面隆重而欢乐。这一幕，仿佛是吕布在效仿刘备当初收留自己。

这一时期，徐州的局势犹如一场微缩版的三国鼎立。西南之地，刘备屯兵小沛，势力最为薄弱；中部由吕布掌控下邳；而袁术则在南方虎视眈眈。处于这种微妙的局势中，吕布与刘备握手言和，他此时可能并没有把刘备放在眼里，他大概认为自己此时最大的威胁是袁术，但历史会证明他错得有多么离谱。

刘、吕联合期间，发生了一段流传千古的趣事。

公元 196 年深秋，袁术再次吹响进攻徐州的号角。他深知吕布与刘备虽然互为犄角，但二者之间芥蒂不小，于是巧妙利用这一点，表面上继续维持与吕布之间的和谐，实则暗中策划"先除刘备、再灭吕布"的连环套路。

为此，袁术遣麾下大将纪灵，统三万精兵，直逼刘备而来。此时的刘备，麾下兵马尚不足万人，形势岌岌可危。

强敌压境，刘备立刻向吕布求援，吕布却仅带千余人赶来，这像是来助阵的吗？诸位且往下看。

吕布抵达小沛战场后，以一种戏剧性的方式介入了这场纷争。他并未直接表明立场，而是以中立者的身份邀请刘备和纪灵前往自己的行营赴宴。宴席上，吕布提了一个赌约："诸位，咱们打个赌，我吕奉先若能百步之外射中戟上小枝，则你二人听我一言，各自罢兵；若射不中，我便不再插手，你们大可决一死战。我话讲完，谁赞成，谁反对？"

话音落下，吕布一箭射出，精准击中目标。纪灵见状，拍手叫好，对吕布的武艺佩服得五体投地，随即下令撤军。这场危机，竟因吕布的一箭而化解了。

这段往事非常有趣，也非常戏剧。

刘备全场缄默，却悄然成了最大的赢家。

吕布威风凛凛，武艺绝伦，谈笑间罢军争、止干戈。然而，他有什么实质性的收获吗？

纪灵更是有趣，他是统领千军万马来打仗的，结果在吕布射戟时，竟如同一个被杂要吸引的观众，惊叹不已，高声颂扬，然后，就撤军了……麾下有这样的"得力干将"，袁术覆灭得一点也不冤。

纵观全场，三人对比，高下立判。

棋走连环，吕奉先险象环生

在小沛蜗居的刘备，他的日子犹如风雨中的烛火，摇曳不定，希望的光芒随时可能消逝。外有袁术、曹操野心勃勃，虎视眈眈；内有吕布如影随形，严密监视，其手下更是屡屡进言，欲除刘备而后快。一场致命的风暴，正悄然酝酿。

公元 197 年，袁术因吕布辕门射戟的一箭之仇，怒不可遏，回想起与吕布和亲未遂、结盟不成的往事，情绪更是火上浇油。于是，他派遣七路大军，步骑数万，浩浩荡荡，直逼吕布而来。

吕布毫无惧色，采纳陈珪妙计，策反了袁术麾下的大将韩暹、杨奉，让他们在下邳围攻张勋，自己则亲自挂帅，活捉了桥蕤，将袁术大军击溃至江淮之地。

击退了袁术后，吕布势力大涨，犹如虎步江淮，威风凛凛。然而，他心中的忧虑却并未因此消散。看着在自己眼皮底下逐渐壮大的刘备，吕布愈发感到不安。昔日的盟友，如今已成了卧榻之虎。他无法忍受刘备的不断扩张，终于与刘备彻底决裂。

在这场力量悬殊的较量中，刘备大败而逃，连兄弟、妻儿都无暇顾及。

逃亡之路漫漫，刘备四处碰壁，孤立无援，在绝望中，只能将希望寄托于吕布最大的敌人——曹操身上。

曹操早已洞悉"刘、吕不睦"的局势，对刘备的到来表示了热烈的欢迎，并重新任命刘备为豫州牧。

随后，曹操慷慨授予刘备镇东将军的头衔，同时助其扩充军力，使其重返小沛，让他充当自己他日图取徐州的内应。

仅仅数月，局势突变，刘备在小沛的角色已经悄然转换，从吕布昔日的盟友变成了曹操插入徐州的一把利剑。

此时的曹操，身处四战之地，北有袁绍虎视眈眈，东有吕布、袁术蠢蠢欲动，南有刘表隔江而治，西有马腾摩拳擦掌。他的雄心壮志是统一天下，因此，这些障碍必须一一清除。只是，清除的顺序至关重要，这便是战略。

曹操与刘备不谋而合，首先都将矛头对准了看似强大实则虚弱的袁术。袁术公然挑战天下秩序，妄图称帝，而曹操则打着"奉天子以讨不臣"的旗号，袁术自然成了放矢之的。

高手行事，步步为营，曹操在策划对付袁术的同时，已经在暗中布下了围剿吕布的棋局。他的策略，可谓环环相扣，吕布插翅难逃。

其一，封官许愿，将吕布提拔为左将军，以示笼络；

其二，亲切慰问，曹操甚至亲写书信一封，言辞恳切地感谢吕布诛杀董卓的功绩，对其勇猛无比的武艺大加赞赏，让吕布在情感体验上得到了极大的满足；

其三，暗中包围，曹操阴阳双修，阳谋是遣刘备驻小沛，牵制吕布；阴谋是暗中拉拢徐州官员，通过这些人来影响吕布决策。如沛相陈珪及其子陈登等人。

特别是陈登，此人心理素质极佳，口才出众，反应迅速，是执行间谍任务的绝佳人选。

恰好，吕布非常吃曹操的这一套，为了向曹操示好，他不仅拒绝袁术的联姻提议，还挥刀处决了袁术派来的使者，以此作为投名状，向曹操表达诚意。

乍一看，吕布与刘备在徐州时向曹操示好的举动似乎如出一辙，都是在为自己留条后路。然而，棋差一着，差之千里。

策略，理论是一回事，实际操作又是另一回事。策略能否成功，关键要看它是否能够紧扣局势，不参考局势，只按照自己认为理想的办法去谋划，到最后，往往死都不知道自己是怎样死的。

一直以来，对于吕布占据的徐州，曹操虎视眈眈，志在必得。因此，无论吕布如何向曹操示好，都无法从根本上解决问题。除非他主动投降，将徐州拱手相让。

此时的吕布，在徐州盘踞，呼风唤雨，与昔日失去徐州、颠沛流离的刘备境况迥异，因此他效仿刘备之举，实则是步入了误区。

吕布本应对曹操的拉拢保持清醒的认知与警惕，然而遗憾的是，他没有做到这一点。

挑战：两虎不争，我以饵动

曹操运筹帷幄，静待时机，他在静待吕布与袁术之间燃起战火。只要这忽敌忽友的二人彻底撕破脸，明火执仗地打起来，曹操便可以趁机出手，将袁术推向孤立无援、四面楚歌的深渊，届时，击败袁术轻而易举。

刘备则在一旁冷眼旁观，洞察着局势的微妙变化。他目睹了公元197年那场戏剧性的转折，吕布捕杀袁术使者，吕、袁联盟瞬间瓦解，袁术问鼎天下的图谋被扼杀于摇篮之中。随后，袁术在愤怒与羞辱中发动了徐州战役，却外强中干不堪一击，颓势尽显。

时光荏苒，曹操终于捕捉到了最佳时机。在吕布与袁术鹬蚌相争的背景下，果断挥师东进，踏上征伐之路。此时的袁术，已是强弩之末，面对曹操这支虎狼之师，吓得弃军而逃，昔日庞大的势力体系也随之土崩瓦解。

刘备知道，袁术败亡已成定局，所以吕布一定会成为曹操的下一个狩猎目标。

公元 198 年春，刘备主动找碴，截获吕布从北地采购的军马，以此为引子，挑起了与吕布之间的战火。

吕布怒发冲冠，派遣麾下猛将高顺、张辽领兵征讨小沛。刘备依靠曹操派来的夏侯惇部队，苦苦支撑数月。公元 198 年，小沛再次沦陷，刘备的妻子们又一次成为人质，刘备孤身逃脱，急向曹操求援。

此时，曹操正蓄势待发，试图击溃袁绍，定天下霸业。然而，在这关键时刻，曹操却不得不分心应对另一个日益猖狂的威胁者——吕布。吕布的势力日渐膨胀，其嚣张气焰让曹操深感忧虑，担心在与袁绍决战之际，吕布会趁机偷袭，令后方防线陷入空虚。

面对这一困境，曹操明智地采纳了荀攸的建议，决定亲自挂帅，率领大军征讨吕布。他的军队如秋风扫落叶般势不可当，所到之处，敌人纷纷溃败。吕布的处境因此变得岌岌可危，他屡次向袁术求援，却如石沉大海，迟迟未见袁术的援兵到来。

万般无奈之下，吕布只好亲自率领大军迎战曹操。然而，几次交锋下来，吕布皆败下阵来，只得退守城中，从此闭门不出，再也不敢轻易迎战。

吕布的谋士陈宫，同时也是曹操的旧识，他深知曹操远道而来，难以持久作战。因此，他屡次向吕布进言，劝其趁曹操立足未稳之际，出城迎战，或许能一举扭转战局。然而，吕布却对袁术的发兵援助仍抱有一丝不切实际的幻想，坚持坚守城池，不肯出击。

如此一来，吕布的军队便如同困兽之斗，只能在城中坐以待毙。而曹操则趁势加强攻势，一步步将吕布逼入绝境。

转头来看，刘备在曹操征袁绍之前，主动攻击吕布。难道是情绪上头，错误估计了彼此之间的实力吗？非也。

窃以为，此战，刘备主要考虑的是政治因素。

其一，如果刘备不主动将势态推向不可调和的地步，那么对于吕布，曹操也许依旧采取观望态度。倘若曹操征讨袁绍不利，短期内无法再攻打吕布，那么刘备的处境可就危险了。

其二，刘备被曹操遣返徐州，履职逾载，亟须以实际行动证明自身价值。曹操昔日为布局计，曾与吕布维持友好假象，而今欲除之而后快，需要一枚棋子来打破这种微妙的局面，承担起"搅屎棍"的角色。刘备心照不宣，主动当起了"搅屎棍"，为曹操征伐吕布提供了名正言顺的借口——你吕布擅自侵扰朝廷册封的镇东将军领地，该当何罪！

这番操作，无疑使刘备在曹操心中的价值大获提升，这也是曹操随后派遣夏侯惇援助刘备的深层原因。

再者，刘备在小沛苦心经营，若是企图在曹操与吕布之间随风摇摆，夹缝求生，显然是不明智的。倘若惹恼二人，随便拉出一支人马就可以让刘备大势尽去。

红海竞争，不想被大鱼吃掉，就要找一条更大的鱼傍身，而且一定要立场坚定，站位明确。

彼此的刘备尚未膨胀，他还能够清醒地认识到，一个人的能力再强，亦不可与"势"斗，"彰显之势，不可逆耳"。

他深知，此时作为曹操手中的一枚棋子，就应该不折不扣地履行棋子的职责，莫谈利益分割，也别怨天尤人。这是刘备的拿手本事，能屈能伸，扮猪吃虎。如果形势不利，他可以和血吞牙，献媚伏低；一旦时机成熟，他也会果断暴起，激荡杀气。

背刺白门楼，有隐患一定要连根拔除

自公元 193 年初次挥兵东向，直指陶谦以来，这已是曹操第三次杀向徐州。这一次，曹老板，确乎不拔，志在必得。

吕布此刻如同一只被逼入绝境的猛兽，绝境的名字，叫"白门楼"。

转眼至同年十月，曹操坚壁清野，不仅切断了吕布军队的物资补给，更让徐州百姓谈曹色变。同月，曹操决开沂水、泗水，洪水滔滔，将下邳围得水泄不通。

十二月底，吕布麾下不坚定的将领，在生死存亡之际，纷纷叛变投敌。陈宫、高顺很坚定，于是坚定地做了阶下囚、刀下魂。吕布四面楚歌、孤立无援，不得不低下桀骜的头颅，向曹操献城求降。

随之，白门楼上，上演了一场殚谋戮力的较量大戏。

吕布虽然世罕其勇，但人品备受诟病，更没有那种宁折不弯的骨气。当他被绑到曹操面前时，竟然还想着，如果能像对付丁原、董卓那样，先扬后抑，给曹操义父一般的感觉，或可保住性命，东山再起，屠曹灭刘。

但他忽略了曹操的阴鸷。

曹操之所以要举行这场颇具声势的公开处理俘虏大会，其实与当初他屠城的目的如出一辙，就是要彻底摧毁徐州军民的抵抗意志，让他们对自己心生畏惧，从而稳固自己在徐州地区的长期统治。至于吕布的生死，对于曹操而言，不过是一个可拾可弃的筹码罢了。如果吕布对他有用，或可一生，如果吕布对他无用，必死无疑。

一场充满戏剧张力的场景悄然铺展。吕布向曹操低头，宛如乞怜之犬："曹公，布心已服，愿为您鞍前马后，共图天下霸业。"他对自己的武力值有着近乎盲目的自信，继而诱惑曹操，"明公所忧，唯我吕布。今布既归顺，天下再无他虑。若明公自领步兵，允许布统率铁骑，何愁天下不定？"

曹操或许在犹豫，或许正沉醉于这种被极力奉承的感觉，他并未立即给出答复。吕布见状，心急如焚，转向一旁看戏的刘备，低声求情："玄德公，你为座上宾，我今为降虏，难道你就不能看在昔日辕门射戟的情分上，为我美言几句吗？"

刘备只是沉默，静观其变，心中自有计较：倘若事态的发展如他所愿，何必多此一举；若非所期，再出声不迟。

此时，曹操似乎在有意试探，命人给吕布松绑。刘备见状，说了一句话，只一句，便要了吕布性命——"明公，您难道忘记丁原、董卓的下场了吗？"

此语的犀利程度，丝毫不亚于贾诩后来那句"思袁本初、刘景升父子也"。

这便是口才的魅力，一言可以兴邦，一言可以取人性命。

后人品读白门楼旧事，众口不一，但多数人皆认为，刘备深恐曹、吕果真联手，因此一言定生死，其阴鸷程度，绝不逊色曹操。

刘备是枭雄，可枭雄也有七情六欲，刘备对吕布的痛恨不言而喻，但即便如此痛恨一个人，在曹操看似有所动摇之前，他也没有在二人面前流露出半点真实心态。甚至还让吕布误以为，刘备这样的"仁义老实人"，一定会感念旧恩，为自己开口求情。

其城府之深，令人佩服。

白门楼让吕布在闭眼之前，看清了刘备的手段，也让曹操开始对刘备更加刮目相看。

雌伏许都，永远不打没把握的牌

"岁冬万物善伏藏，只待惊蛰春雷响。古来圣贤兴豪杰，时逢天理辨阴阳。"越是所图远大，越应善于伏藏，避免外露锋芒。如刘备一般，越是厉害的人物，越清楚，倘若时机未到、形势未明，就不要让自己卷入未知的漩涡。他们目标清晰而且坚定——让自己成为笑到最后的那个人。

人为刀俎，在案板上躺平就好

刘备原本就是曹操为图取徐州布下的一枚棋子，当徐州风云尘埃落定之时，他虽然侥幸逃脱"兔死狗烹"的遭遇，却也无法抗拒地落入了"鸟尽弓藏"的境地。

曹操随后果断安排了自己颇为信赖的老部下车胄出任徐州刺史，而将刘备及其一众追随者悉数带回许都。紧接着，曹操"表奏刘备为左将军"，与刘备同车出入、同席而坐，尽显礼遇；同时，关羽、张飞也被授予了中郎将之职。

当然，曹操这样的操作，大概率是做给天下人，尤其是给徐州人看的。

就在不久之前，吕布被捆绑在白门楼，刘备还曾在一旁扮演了落井下石的角色，未料吕布刚刚殒命，曾经属于他的左将军头衔便落到了刘备自己头上。而在吕布之前，左将军之位则属于另一位被曹操重创的诸侯——袁术。曹操此举背后的深意，已然不言而喻。

当然，刘备不会忘记自己在徐州短暂的光辉岁月，他心中的宏图大志也从未熄灭。不过，他也对自己当前的处境和实力有着极为清醒的认知，对自己的生命更是倍加珍视，绝不会鲁莽到以卵击石。

抵达许昌后，刘备开始闭门谢客，亲自组织下人开垦菜园，摆出一副胸无大志的模样，尽可能地减少曹操对自己的猜忌与防范。

这是刘备的惯用手段，成功学上称之为"韬光养晦"，周易上叫"潜龙勿用"，厚黑学上说"宁为潜心龟，不做露锋猬"。这种智慧，听起来易懂，做起来极难，很多有才能的人，都输在了对于"忍"的自控力上。

生活中，很多人为了一点小事暴跳如雷，甚至与人大打出手，这是成事的大忌。当然，每个人都避免不了动怒，都有可能会出现意气之争，所以克制成了人生的必修课，那些喜形于色、横冲直撞而不加抑制的人，难成大器。

人之一生，免不了磕磕绊绊，但愿望一定要长留心中，这是催人奋进的动力所在。为了愿望的实现，或者说为了生存，我们就一定要忍，忍辱负重固然苦，但若没有昔日的卧薪尝胆，又哪来他朝的一鸣惊人？

忍，就是要放下面子、放下身段，放下急功近利的心态，这或许是一种煎熬，但只要熬得住，就有机会。刘备已经很好地向我们证明了这一点。

我们看刘备，在短短三年的时间里，先后屈身于吕布、曹操两位意欲置他于死地的"老板"。当生死局摆在面前时，他从不做无谓的反抗。吕布偷了他的家，让他驻守小沛，他二话不说就去给吕布看大门；曹操抢了他的家，把他家给了别人，还把他的团队带回许都监控起来，他老老实实地做起了菜农左将军。他不是没有想法，而是非常清楚"识时务者为俊杰"的道理，在缺乏反抗资本的时候，任何多余动作都是徒劳无功的挣扎，伤不了敌人，还会给自己惹来祸端。

离谱！空降一个"夷三族"

自董卓之乱肆虐之后，汉献帝刘协的命运犹如风雨中的浮萍，数年间几经辗转，饱尝颠沛流离之苦。

然而，身体中流淌的皇家血液，促使他始终不甘蛰伏，总是蠢蠢欲动，试图夺回本应属于自己的尊贵与权力。为此，他不得不周旋于权臣与军阀之间，企图借助某支力量实现自己的掌权理想。然而，所谓"基础不牢，地动山摇"，仅凭一些不成熟的权谋手段，汉献帝终究难以稳住摇摇欲坠的汉家大厦。

公元 199 年，汉献帝在曹操的要求下迁都许昌，仅仅过了两个多月，二人的关系便降至冰点。汉献帝想执掌皇权，这是人之常情，曹操握权不放，也在意料之中。原本还把曹操当成救世主的汉献帝再度心灰意冷，渐渐萌生了寻找可靠力量，取代曹操的想法。

为此，汉献帝偷偷在衣带中缝制了一道诛杀曹操的密诏，交给国丈董承，嘱咐他权宜行事。

此时的大汉天下，内外局势错综复杂。

先是左将军吕布在下邳败亡，曹操将刘备带回许昌。朝堂之上，刘备意外获得汉献帝认可，成了官方公证的皇叔。

接着，河内太守张杨被其部将杨丑所杀，杨丑没当几天老大，又迅速被黑山军将领眭固斩于马下。眭固投靠袁绍时，遭曹操截杀。曹操趁机自任魏种为河内太守，公开挑衅袁绍。这一连串的杀戮与更迭，成了官渡之战爆发的导火索。

袁绍在同年攻破易京，公孙瓒自焚。至此，袁绍已坐拥四州之地，统一了河北；而曹操则占据豫、徐、兖南等广大地区，并派遣丁冲、钟繇等人经营司隶地区。两大势力之间的对峙已然到了剑拔弩张的地步。

趁曹操与袁绍针锋相对，董承开始暗中布局。他的计划主要分为两步：

第一步：杀曹操，并招降其残余势力；

第二步："拥戴"汉献帝返回洛阳，开启自己呼风唤雨的新人生。

彼时刘备刚刚受到汉献帝恩封，董承认为，这个人物可以拉拢。

刘备看到汉献帝以血写成的诏书后，义愤填膺，英雄泪纵横，当即表示，愿与董承等人共举大事，誓诛曹贼，万死不辞。

注意，这是演义中的桥段。《蜀书》记载，"先主不发"——虽然参与了这件事，但是没有任何行动。

事实上，就连参与，大概也是不得已而为之。

本来，刘皇叔和董国丈正觥筹交错互相吹捧，不料一群平素没什么交情的人突然围了上来，表明身份，亮出底牌，再掏出一个按了血手印的小册子："诺，你要么也按上，要么去曹贼那里告发我们！"

刘备蒙了，自己初来乍到，整日被大佬监视，命悬一线，怎么又被皇帝空降这样一个"夷三族"的差事？可真要命！

道德绑架不了刘备，但安全可以挟制刘备，刘备被逼到了死角。

于是他努力周旋，好歹平安无事地把这场胆战心惊的酒喝到散场。

结果，不知是谁走漏了风声，曹操得知刘备与董承正一起喝酒，当即便请刘备过去再与自己喝两杯。

显然，这是一场鸿门宴。但人在矮檐下，曹老板的面子刘备不能不给，也不敢不给。

青梅煮酒：天下英雄谁敌手，曹刘

中国人喝酒有个习惯，喜欢对认识的人说长论短，刘备与曹操虽然是枭雄，却也未能免俗。

曹操："老刘你说说，这天下谁能算得上英雄？"

刘备："淮南袁术，志在天下，应该算一个。"

曹操嗤之以鼻："冢中枯骨，手到擒来！"

刘备："河北袁绍，兵多将广，享誉四海，肯定算一个。"

曹操轻蔑一笑："外强中干，好谋无断，难成大器！"

刘备："刘表、孙策、刘璋、张绣、张鲁、韩遂？"

曹操大手一挥："跳梁小丑，不值一提！"

曹操一仰头，干了一大杯酒，把当时天下能排得上号的军阀贬了个遍，然后开始自吹自擂，可又不好意思光表扬自己，出于人情世故，顺便把刘备也带上了："不是我吹牛，当今天下能担起'英雄'二字的人，就咱们哥俩！"

刘备吓得手一抖，筷子掉地上了。

在刘备看来，曹操把自己称为英雄，实则暗含讽刺，意指他身在檐下却不安分，企图搞小动作。恰在此时，天际猛然炸响一声惊雷，非常突兀。

刘备顺势借雷掩饰道："迅雷疾风，万物皆惊，此乃自然之理。一震之威，竟至于斯。"曹操见状，心中不禁生出几分疑惑，他或许已意识到，自己方才那番自诩与刘备同为英雄的言论，无意间触动了刘备敏感的神经。此刻，他开始细细品味起自己的失言，自己那份雄霸天下的野心，似乎已不经意间暴露无遗。史书中记载，曹操对此"亦感悔悟"。

其实，类似场景在我们的生活中并不少见。有些人酒过三巡，便忍不住自吹自擂，仿佛无所畏惧、无所不能。然而，对于曹操、刘备这样有身份的人来说，此类言辞却是大忌。他们是乱世中的诸侯，拥有称王称霸的实力，甚至是问鼎天下的资格。当大人物自诩或被冠以英雄之名时，这往往意味着他们要搞大事。古往今来，在官场的语境中，这一点早已成为心照不宣的共识。

"青梅煮酒论英雄"，英雄之论确有其事，而青梅煮酒则更多是艺术上的渲染。整个事件，说到底，是一场因酒而生的博弈，验证了"言多必失"的古训。

酒宴过后，曹操心中对刘备疑虑更甚，他想不通刘备为什么会因为一句话失态，又对自己的失言感到后怕。于是，暗中派遣密探，监视刘备归府后的举动。

刘备城府极深，雌伏许昌期间，无论在人前还是人后，始终谨言慎行，不给人留下任何把柄。从曹操处归来，刘备与往常一样，继续自己的田园生活，仿佛什么都没有发生过一般。带着酒意，刘备还亲自指挥下人在院中栽种葱苗。见下人栽种得不够整齐，刘备甚至扬起棍子骂骂咧咧，与耍酒疯的姿态一般无二。这一幕，恰好被曹操派来的密探看在眼里。

密探回去后，将所见所闻如实汇报给曹操，曹操听后，心中的疑虑这才稍稍消减。

逃遁虽巧，更狠的是回手一刀

刘备栖身许昌期间，曹操麾下的智囊团屡次向他进言，力主除去刘备这一心腹大患，根源在于刘备坚决不愿解散麾下兵马，放弃自己辛苦构建的团队。程昱、董昭等谋士频频告诫曹操："刘备胸怀英雄之志，绝不会久居人下。"

然而，曹操出于稳固徐州、争取民心以及利用刘备在当地积累声望等一系列考量，并未采纳这些建议，反而赋予了刘备一定程度的自主权。所以说沽名钓誉，把握不好，最伤的还是自己。

其实刘备之于曹操，和张绣归附曹操、马超投奔刘备大同小异，皆是一方诸侯在走投无路时寻求大佬庇护，最终，往往在大佬的精心运作下被逐步瓦解。所以说，曹操不杀刘备的决定，并不难理解，他显然认为自己有足够的把握能够控制刘备。反倒是刘备创造了奇迹，在曹操势大力沉的压迫下并没有垮掉，反而成功挣脱压制，从此与曹操开启了一生的较量。

时间来到公元 199 年六月，刘备主动向曹操请缨，声称愿率军拦截正欲北上与袁绍会师的袁术。自入许昌以来，刘备一直慎独慎微，安分守己，逆来顺受，他的姿态麻痹了曹操的警觉性，从而为自己赢得了一线逃离的机会。

　　曹操委刘备以左将军之职，令其与自己麾下将领朱灵与路招共同发兵拦截袁术。尽管实际的军事指挥权掌握在朱灵与路招手中，但刘备亦被特许携带自己的亲信部队同行。

　　袁术彼时已是强弩之末，势力衰弱，一触即溃，在刘备等人的追击下，只得仓皇逃回寿春，最终病亡于该地。而刘备在任务完成后，则以各种缘由拖延归期，不肯返回许昌。

　　时至八月，曹操与袁绍的关系彻底破裂，曹操挥师北上黎阳，迎战袁绍大军。朱灵与路招率领所部，紧急奔赴前线支援。而刘备则借袁、曹交战的契机，凭借自己在徐州深厚的影响力，公开举起反曹大旗。他迅速斩杀曹操委任的徐州刺史车胄，重新占据徐州，并以小沛为据点，亲自率领主力部队严防曹军进犯，并积极发展势力，号召徐州各郡县增援自己。同时，刘备任命关羽代理下邳太守一职，并派遣孙乾前往冀州与袁绍建立联系，寻求政治支援。

　　不过，徐州向来不是刘备的福地，自公元 194 年取代陶谦执掌徐州以后，刘备就一直在这个地方栽跟头。那么这一次，将要到来的，是惊喜还是意外呢？

闪击徐州，你给的伤害定要双倍奉还

此时在许都，衣带诏策划案虽然毫无进展，但是已经逐渐暴露。曹操已然有所察觉，皇帝想他死，他不可能不知道。为防万一，九月，曹操仅挂帅一个月，就匆匆返回许昌坐镇，留手下人在黎阳防守。

曹操回到许昌以后，第一件事就是打刘备！

你伤害了我，还想一笑而过？

他先派刘岱、王忠攻打刘备，却被刘备轻易击败。刘备还嘲笑他们说，像你们这样的人来一百个也没用，即使曹操自己来，胜负也未可知！

曹操很生气。

公元200年正月，衣带诏事件败露，曹操诛杀董承、王子服、种辑等人，并夷其三族。当得知刘备也按了血手印以后，曹操更生气了。

刘备此时做出了误判，他认为曹操正在厮杀袁绍，加上处理衣带诏事情忙不过来，不会亲自跑到徐州来对付自己。

客观地说，刘备的军事才能与曹操相比，相去甚远。刘备打天下，大体靠的是人格炒作，靠招揽大才大能之人为自己出谋卖命，才能与曹操、孙权平分秋色。刘备可能知道"兵者，诡道也"这句话，但能领悟到什么程度，不好说。

曹操大概是这样分析的：

我和袁绍这场仗，不是一朝一夕就可以定胜负的。袁本初多疑寡断，畏首畏尾，短期内不会轻举妄动，就算我不在前线，这段时间战局也不会有太大变化。

刘备那家伙，搞政治、玩阴谋是把好手，打仗，他不行！他一定想不到，我会在对抗强敌的同时，分兵去对付他。所以，打他！

打他就要出其不意，攻其不备，他以为不可为，我偏要为之！

曹操的军事才能之所以为人称道，就在于他具有精湛的敌情洞察能力，能够做到知己知彼，敏锐捕捉战场上的全局动态，并巧妙地利用信息不对称和对手的认知盲点，采取大胆而疯狂的战术行动。他的军事指挥艺术，很有《孙子兵法》的感觉。

曹操在成功平息董承等人的衣带诏叛乱后，立即亲自率领大军悄然突袭徐州。他的刀锋直指小沛，首要目标就是斩首——生擒或虐杀那个令他咬牙切齿的家伙。

尽管刘备在历史上带有一定的英雄色彩，而且亦是本书的主角，但这里讲的是历史，并不存在所谓的主角光环。面对曹操精心策划的"闪电战"，刘备的军队一触即溃，再触再溃，丢盔弃甲，溃不成军。刘备又一次一个人逃走了，并没有去下邳通知关羽，直接向北，奔袁绍而去。

　　溃败中关羽做了战俘，突围出去的张飞则遁入芒砀山做了土匪。

阵斩颜良，义勇双全关云长

公元 200 年年初，曹操先在小沛击溃刘备，随后挥师下邳，不仅俘虏了刘备的家眷，还意外地将关羽收入麾下。

关羽也很无奈，大哥连招呼都没打一声，又独自跑路了。我若不去曹营，以曹操的德性，嫂嫂们恐怕不能保全。罢了，为了大哥，就做一回败军降将吧。

曹操素来对关羽极为赏识，早在前一年，当关羽跟随刘备被软禁在许昌时，曹操便慷慨赐予他中郎将的职位。此番再度相遇，曹操更是破格提拔关羽为偏将军，丝毫不以其降将身份相待，展现出了极大的尊重。

然而，尽管曹操对关羽倾心不已，但关羽只对刘备始终如一。他多次对曹操强调，一旦得知刘备的下落，自己定会毫不犹豫地追寻而去。

同年四月，曹操挥师北上，驰援官渡前线的延津营地。他巧妙地声东击西，突然对袁绍麾下大将颜良驻守的白马营地发起猛烈攻击。

曹操派关羽与张辽两位降将共同担任先锋。千军万马之中，关羽成功锁定颜良，旋即策马疾驰，赤兔马犹如一道闪电，关羽手起刀落，一举将颜良斩杀，并割下首级纵马而归。白马之围，成功解除。

关羽勇冠三军，立下赫赫战功，曹操心中虽喜，却也忧虑其离去。为了挽留这位盖世上将，曹操不断以重金与厚礼拉拢关羽，不但送金银，送宝马，还送极品美女。

然而，当关羽得知刘备正在袁绍麾下避难时，他还是毫不犹豫地将所有赏赐封存，恭敬地留下辞别书，随即护着嫂嫂们，奔向袁绍的军阵。

这就是小说中的"千里走单骑，过五关斩六将"。但在正史记载中，关羽斩杀颜良之后，袁绍随即遣刘备与文丑领军，继续攻打白马，所以很大概率，关羽投奔刘备，是直接临阵倒戈过去的。

刘备这边，随着关羽、张飞、糜竺、孙乾等旧部以及众多老兵的陆续回归，势力逐渐复苏，皇叔心中那个争夺天下的梦想，再次被点燃。

彼时，公孙瓒已成往事，他的部将赵云亦前来归附，使得刘备阵营更是如虎添翼。

那时的官渡，局势微妙而复杂。袁绍的部队虽然兵强马壮，粮多将广，表面上看占据压倒性优势，但由于团队战略与指挥能力有限，始终无法取得决定性的胜利，反而屡遭挫败，只能依靠庞大的兵力勉强维持着对曹操的压制。

此时的袁绍，心中大概极度焦虑。胜利似乎近在咫尺，却又一直遥不可及。一次次的战场失利，更是让麾下的将士们心生疑虑，不安的情绪如同瘟疫般在团队中蔓延。袁绍自己也束手无策，无法找到破局的良方。

而曹操这边，情况大不一样，大多数人都比较乐观，许多人都把此次以少敌多的鏖战，看作是跟随领导把事业做大做强的好机会。

再说刘备。官渡之战，无论谁胜谁负，对他来说都没有实质性的好处，这一点刘备心知肚明。所以他自然不会对袁绍倾尽全力。

公元200年七月，曹将刘辟叛变，威胁到曹操后方，引起曹、袁双方重视。袁绍迅速让刘备领兵支援刘辟。

结合刘备在公孙瓒、吕布、曹操手下寄居时的表现，这次远征任务，很可能又是他主动争取来的。刘备在寄居人下时，总是能够提前嗅到危险的味道，然后找到合适的理由，在寄主可能发生意外之前，拐走寄主一部分人马，去新的寄主那里发展自己的势力。

这次远征，也使刘备巧妙规避了随后袁绍大败所带来的毁灭性灾难。

这一年，刘备三十九岁，带着关羽、张飞、赵云、麋竺、孙乾、简雍等一众亲信，率领他那支历经风雨人数不过数百的老部队，以及赵云新招募的数百健儿、袁绍给的几千人马，转战汝南。

来到汝南，刘备试图整合黄巾军与袁术军残余力量，攻占许昌。结果，连曹仁都没有打过。

刘备不甘心，迅速重整队伍，于九月间与汝南境内势力颇为强大的黄巾军残部龚都取得联系，达成合作意向。彼时，曹操正与袁绍激战，无暇顾及刘备。刘备趁机击败曹将蔡扬，在汝南站稳脚跟。

当然，刘备这种局部性的胜利，对于曹操而言，几乎可以忽略不计，根本无法为袁绍提供实质性的援助。公元200年十月，曹操偷袭乌巢，焚毁袁绍粮草，乘乱一举击溃袁军，赢下了官渡之战。

面对这一突如其来的变故，刘备当机立断，马上筹划退路。他迅速派遣糜竺、孙乾前往紧邻汝南的荆州，向刘表表达投奔之意。

袁绍兵败后，腾出工夫的曹操亲率大军征讨刘备，誓要将其赶尽杀绝，以解心头之恨。

刘备很清楚自己的实力，他不做无谓的抗衡，匆忙逃亡，这次把兄弟们都带上了。

公元201年，历经沧桑，几经起落，却始终未能找到一块立足之地的刘备，远赴荆州，投靠刘表。

刘表为人清廉自守，数十年间家中无余财。然而，他却胸无大志，对军事并不擅长，只图"爱民养士，自保一方"。在曹操与袁绍的争斗中，他选择坐观成败，静待天下之变。

当刘表得知刘备即将前来投靠时，心中颇为忐忑——我不会也和公孙瓒、吕奉先、袁本初他们一样的下场吧？

　　当然，担心归担心，好歹名义上是亲戚，刘表亲自前往郊野迎接这位虚有其名的大汉皇叔、豫州刺史，给予了刘备极高规格的接待。然后，他给了刘备一支人马，让他去新野练兵，做抵挡曹操的炮灰。

　　史书上并没有详细记载刘备从刘表处得到了多少兵马，但刘备争取到了军事自主权，这个炮灰对他来说，当得值。

第五章

三顾茅庐：让老板对自己如饥似渴，才是人才

什么是人才？人才的核心价值是不可以替代，这才是赢得老板高度认可的根本所在。真正的人才，一定会对所在行业持有深刻、独到的见解，并且能够据此精准定位自身发展路径，紧密贴合公司战略目标，为公司贡献卓越价值。在这方面，诸葛亮称得上是顶尖高手中的高手。

孔明的算计：借船出海易远行

公元 181 年，徐州琅琊郡阳都县，一阵嘹亮的婴啼划破了寂静的夜空，诸葛亮横空出世。

诸葛亮出身官宦世家，先祖诸葛丰曾是西汉官员，官至司隶校尉；父亲亦在官场中崭露头角，政绩斐然。诸葛亮自小便站在了比普通人更高的起点上，享受着家族带来的优越条件与资源。

不幸的是，诸葛亮尚未成年，其父母便与世长辞，诸葛亮与弟弟成了孤儿，不得不跟随叔父诸葛玄生活。

公元 197 年，诸葛玄病逝，十六岁的诸葛亮与弟弟一同归隐于隆中。在这里，他们过着与世无争的生活，晴日里耕田劳作，雨天则手不释卷，沉浸在知识的海洋中。

诸葛亮自幼便胸怀大志，常以古代名臣管仲、乐毅自比，立志要成就一番事业。为此，他日夜苦读经典，广纳博取，智慧与才情悄然间已出类拔萃。

然而，诸葛亮深知，每个成功的人或品牌背后，都离不开精妙的文化营销与自我推销。想要出人头地，他必须巧妙炒作自己，同时寻找一个有影响力的平台为自己背书，为自己的理想铺路。

恰在此时，河南名士黄承彦走进了他的生活。黄承彦家中有个名叫黄月英的女儿，虽然相貌平平，身材壮硕，黄发黑肤，但才学出众，贤良淑德。黄承彦慧眼识珠，看出了诸葛亮身上的非凡潜力，便主动提出将女儿许配给他。他坦言，虽然女儿其貌不扬，但才情与品德定能助诸葛亮事业一臂之力，言下之意，以黄家的背景与势力，扶植诸葛亮轻而易举。

诸葛亮听后，心中暗自扔硬币：美貌、事业，美貌、事业……最终，他欣然同意了这门亲事。

这桩婚事，不仅为诸葛亮带来了一个贤内助，还为他打开了通往上流社会的大门。婚后，在黄承彦的引荐之下，诸葛亮有幸结识了水镜先生司马徽——当时高端猎头界的泰斗级人物。司马徽拥有广泛的人脉和深厚的市场影响力，他的认可与扶持，无疑为诸葛亮的未来奠定了坚实的基础。

借助司马徽的平台，诸葛亮成功地站上了一个具有市场影响力的大舞台。他精心雕琢自己的形象，展现出学识渊博、勤勉务实的一面，赢得了众人的尊敬与赞誉。同时，他还广泛结交襄阳的知名人士，与他们展开深入的学术讨论与政治交流。每一次的交锋与碰撞，都让他展现出过人的才华与智慧，令人赞叹不已。

为了表达自己的远大志向与抱负，诸葛亮还特意创作了《梁父吟》一诗。这首诗不仅抒发了他对时局的忧虑与对未来的憧憬，更展现了他非凡的文学才华与深邃的思想境界。正因如此，庞德公将他与另一位杰出青年庞统并称为"卧龙"与"凤雏",这一美誉让诸葛亮的名声一时无两,传遍了荆襄大地。

而司马徽对诸葛亮的极高赞誉,更是让他的声望在士人中水涨船高。他与庞统、徐庶等杰出名士建立了深厚的友谊,不仅共同探讨学术问题,还在政治舞台上相互扶持与合作。这些经历不仅丰富了他的学术造诣与政治经验,还为他在未来的政治舞台上赢得了更广阔的施展空间与无限可能。

就这样,诸葛亮的卓越才华与求职意愿逐渐传遍了四方,争天下的枭雄们当时虽然未必看得起诸葛亮,但大多数人都听过诸葛亮的名声。

找准目标市场，跟对人才能做对事

诸葛亮心中始终坚守着一个信念——光复汉室。这是他的职业追求，用现代的话语来说，就是他心中那个坚定不移的梦想。

想实现这个理想，最直接的方法就是起兵勤王，把天下打下来，然后交给刘姓皇室子孙，自己再做他们的"管仲""乐毅"。不过，就算诸葛亮曾有过这样的雄心，但以他自身的条件来说，实力、财力、人力、物力都不允许。

所以，他只能选择就业。

既然只能就业，那就必须选择一位能够撑起自己梦想的雄主，并且，这位雄主还要愿意给予自己集团核心职位。因为职位太低，根本无法施展自己的抱负与才华。

自曹操击败袁绍后，当时的天下，已逐步形成八大政治势力。

毋庸置疑，曹操集团，独领风骚。曹操在击败袁绍、荡平乌桓之后，以北地之王的姿态傲视群雄，一跃成为那个时代最为显赫的政治巨擘。他巧妙利用"挟天子以令诸侯"的策略，将天子作为自己手中的傀儡，借此号令四方，掌控着辽阔无垠的地域，坐拥着富庶的经济根基与庞大的民众基础，其实力之雄厚，足以让任何对手望而生畏，堪称一时无两的霸主。

紧随其后的孙权集团亦不容小觑。孙权承继父兄基业，凭借长江天堑之险，稳坐江东六郡之地，宛如一艘巨舰在波涛汹涌的政治海洋中破浪前行。江东之地，人才辈出：武将皆是跟随孙家南征北战、功勋卓著的老将，他们勇猛无比，为孙家的霸业立下了汗马功劳，而文臣则多从江东名门望族中精挑细选，他们才思敏捷，运筹帷幄，使得孙权集团在当时成为仅次于曹操集团的第二大政治势力。

第三位，刘表集团。官渡之战后，刘表审时度势，选择固守荆州，应对曹操与孙权势力的步步紧逼。为了抵御曹操，刘表收留了落魄的刘备，并将其安置在新野，作为抵御曹操大军的前沿堡垒。

第四位，刘璋集团。徒有其表，外强中干。刘璋性格懦弱，缺乏谋略与威信，使得蜀中地区在他的领导下动荡不安，叛乱四起。虽然勉强维持了表面的平静，但局势犹如风雨中的烛火，集团随时可能覆灭。

第五位，马腾韩遂集团。这二人原本占据着水草丰美的凉州，却因内部的矛盾与纷争反目成仇，双方关系彻底破裂。尽管马腾麾下拥有马超、庞德等勇猛无比的将领，但集团整体实力却如同风中残烛，摇摇欲坠。

第六位，张鲁集团。其势力原本归刘璋管辖，在汉中这块土地上盘踞生根。然而，张鲁性格傲慢不驯，与刘璋之间的裂痕日益加大，关系愈发紧张。最终，他凭借汉中的地利与资源，割据一方，自立为王。尽管他麾下也有一定兵马，但整体实力并不强大，难以与其他大集团抗衡。

第七位，刘备集团。以刘备为核心，会聚了关羽、张飞、赵云等一众勇猛无比的战将，他们个个武艺高强，忠心耿耿。在荆州期间，刘备等人协助刘表平定山贼，为民除害，赢得了广泛的声望与赞誉。尽管刘备在创业过程中屡遭挫败，但他从未放弃，始终坚持着自己的信念，静待时机的到来。

第八位：辽东公孙集团，由公孙度一手创立，后来在其子公孙康的治理下，辽东地区逐渐稳定繁荣。当曹操平定乌桓之后，公孙康审时度势，选择归顺曹操，公孙家族成为曹魏的附庸，以此来保全辽东的安宁。

上述八大集团：刘表、刘璋、张鲁等人虽然各自占据一方，但显然都缺乏足够的进取心与远见卓识；凉州马、韩集团与辽东公孙集团虽然各有其独特的优势，但受限于地理位置偏远且实力相对薄弱，难以在中原大地上掀起波澜，因此也并非诸葛亮求职的上佳之选；至于刘备集团，虽然刘备贤名远播，且有关羽、张飞等勇将辅佐，但目前实力尚弱，尚未形成足够强大的势力，因此也并非诸葛亮求职的首选。

相较之下，曹操集团与孙权集团则显得实力雄厚，地处中原和江东两大富饶之地，正是诸葛亮施展才华、实现抱负的理想舞台。若诸葛亮有意求职，欲在乱世之中崭露头角，那么在这两者之中择其一，无疑是最为明智的选择。

然而，诸葛亮虽然名气响亮、才华横溢，但在求职之路上也面临着不小的挑战。其一便是他太年轻，资历尚浅，难以让那些老练的诸侯们轻易信服；其二则是他职场经验空白，缺乏实际的政治斗争与军事指挥经验。在这样的情境下，诸葛亮想要像管仲、乐毅那样，一步登天成为集团的核心领导，显然并非易事。毕竟，无论是曹操、孙权还是刘表等人，都已经拥有了一个相对稳定的领导团队，不太可能轻易让一个初出茅庐的新人进入核心层，掌握实权。

于是，吊车尾的刘备，反而成了诸葛亮备选名单中的一抹亮色。

诸葛亮经过缜密的市场分析，精准地锁定了目标市场，随后决定委托司马徽作为引荐人，将自己推荐给刘备。

尽管刘备团队当时仅是一家初创的小公司，但其发展势头迅猛。更何况，刘备一直标榜自己是皇叔，其公司毕竟有着"国企"光环。

再者，选刘备，自己可以在初创公司里当"鸡头"，而选曹操或孙权，自己大概率会在荀彧、郭嘉、周瑜等人身后做"凤尾"。选刘备，没错的！

名人背书，把市场期待树立起来

在锁定刘备作为自己的职场东家后，诸葛亮开始着手实施第三步战略——精心塑造自己在刘备心中的期待值，巧妙地将自我推销转变为刘备对他的主动渴求。

在这一过程中，他巧妙运用了品牌塑造艺术，通过广告效应与口碑传播双重策略，为自己的个人品牌镀上了一层神秘而耀眼的光辉。

首先，他精心策划了一场"名人代言"的广告秀。深知名人效应威力的诸葛亮，巧妙地利用了当时社会对于名流的盲目崇拜心理，请司马徽为自己"代言"。司马徽一再表示：诸葛亮与庞统，不管是谁，只要能得到一个，就可以得天下了！

这番言论传进了刘备耳中，在他心中种下了一颗名为"期待"的种子。

紧接着，好友也开始上场为诸葛亮背书，这个好友就是徐庶。

徐庶，字元直，出生于颍川郡长社县（今河南许昌长葛之东），早年名为单福，是一位热血沸腾、以剑为伴的游侠，快意于江湖，恩仇必报。

约公元189年，徐庶因急公好义替人报仇雪恨，惹下了人命官司。为躲避追捕，他白粉敷面，散发逃亡，却阴差阳错被误认为是黑社会成员而遭擒拿。官府问他姓名，他咬紧牙关，誓死不言。于是官府将他绑于菜市场石柱上，击鼓示众，却没有人愿意出面指认。最终，在友人的全力营救下，他得以脱险，并改名换姓为"徐庶"，"徐"寓意不疾不徐，"庶"则是布衣百姓之意，从此，游侠单福销声匿迹。

重生的徐庶，弃剑拾书，换上一身儒服，踏上求学之路。他遍访名师，刻苦钻研，然而，初时因早年经历，同窗皆避之不及。徐庶也不在乎，每日早起，独自打扫卫生，独自用餐，独自沉浸于书海，笔耕不辍，精读儒家经典，力求融会贯通。终于，他以深厚的学识和坚忍不拔的毅力，赢得了同郡名士石韬的友谊。

时至公元192年，董卓之乱引发中州战火连天，徐庶为避战乱，与石韬一同南下荆州。在荆州，他遇到了同样才华横溢的诸葛亮，两人结为挚友。后来，徐庶更成为刘备的得力谋士，以其卓越的才智赢得了刘备的信任与敬重，就连关羽、张飞也对他唯命是从。

深知朝中有人好办事的道理，诸葛亮自然不会错过这样的资源。于是，徐庶开始向刘备极力推荐诸葛亮。

徐庶："诸葛孔明，潜龙在渊，卧龙也，将军想不想见一见他？"

刘备还是被连番轰炸打动了："要不然，有时间咱俩一起去见见？"

徐庶开始卖关子："这样的人才，需要将军屈尊降贵亲自拜访，要让他感受到极大的尊重。我和您一起去，不合适。"

于是，就有了刘备三顾茅庐。

饥饿营销：不容易得到的更有价值

诸葛亮深谙市场之道，知晓如何让一款产品在消费者心中占据一席之地。他明白，那些充满故事感、难以轻易获得的事物，往往容易激发人们更强烈的渴望与追求，就像现代市场中的饥饿营销一样，通过制造稀缺感，来提升价值，使别人趋之若鹜。

彼时二十七岁的诸葛亮，虽已名满天下，却尚未有实质性的功业加身。这种情况下若是主动投身刘备麾下，很可能混得不如徐庶和庞统，甚至只会成为众多谋士中不起眼的一员。因此，他决定欲擒故纵，让自己成为那个"可望而不可即"的存在。

为了营造出这种供不应求的氛围感，诸葛亮精心布局了两步棋。首先，他利用自己的群众基础，努力传播自己的口碑，为自己塑造了一个超凡脱俗、近乎神话中的形象。

刘备初次踏入隆中的那一刻，诸葛亮的"饥饿营销"便直接进入高潮。

正如我们所熟知的那样，刘备没有直接见到诸葛亮，而是偶遇了一群在田间劳作的农民伯伯，他们做着整齐划一的动作，口中吟唱着诸葛亮精心创作的诗歌：

"苍天如圆盖，陆地似棋局；世人黑白分，往来争荣辱；荣者自安安，辱者定碌碌。南阳有隐居，高眠卧不足。"

大家可以脑补一下某些产品发布之前，网络上的宣传造势，是不是都采用了大同小异的文案，先将科技感、高级感、神秘感拉满？

刘备彼时的所见所闻，正是诸葛亮想让他接收的信息：诸葛亮这位传说中的智者，绝非池中之物，他值得尊重，也值得拥有。

第一次前往草庐寻而不遇，归途中，刘备"偶然"遇到了诸葛亮的好友崔州平，自然又是一番神乎其神的力捧。

第二次前往草庐，鹅毛般的大雪下得十分凌乱，寒气咄咄逼人，给诸葛亮站台捧场的却更多。

路旁小酌，刘备再度"偶遇"诸葛亮的两位好友——石广元和孟公威。他们谈笑风生，却句句暗含机锋，将诸葛亮的形象渲染得特别高端、大气、上档次，更巧妙地暗示，刘备是一位值得托付的明主。这高帽戴的，舒服！

草庐之内，诸葛亮的岳父黄承彦和族弟诸葛涎更是默契配合，使得刘备对神秘的诸葛亮充满了无尽的遐想与期待。

这一系列的"偶遇"，宛如一张精心编织的网，将刘备牢牢地吸引其中。每一个"托儿"都出现得恰到好处，在吊足刘备胃口的同时，也给刘备制造了一种火烧眉头的紧迫感——这样的大才，我若不尽快将其拿下，恐怕就要便宜曹操了！这个后果太可怕了！

当然，诸葛亮也知道，神秘感与饥饿感需要适度。三番五次的推脱与等待，已经让刘备的耐心与渴望达到了顶点。于是，在第三次造访时，诸葛亮终于悠然登场。

不过，诸葛亮仍然拿捏了一下，并没有立即起身与刘备相见，而是以午睡为由，晾了刘备数个小时。这是在为接下来的谈判制造心理优势，压制刘备的气势，为自己争取更多的主动权。

截至目前，一切，皆在诸葛亮的精心策划与掌控之中。

隆中对：别管能不能做到，先把饼画好

公元 207 年，驻守荆州的刘备第三次前往隆中，拜访隐居在此的诸葛亮，终于在被吊足胃口之后，得见真颜。

草庐中，诸葛亮在分析了当时的天下形势后，给出了自己的企划案——《隆中对》。

诸葛亮轻摇羽扇，为刘备缓缓铺开一幅宏伟蓝图，第一步，便是图取荆州——"荆州，地处汉、沔交汇之处，犹如一把利剑直指中原，其物资丰饶，南通南海之财，东与江东吴郡、会稽遥相呼应，西连巴蜀之富庶。此乃天赐之福地，亦是将军崛起之地。刘表虽坐拥荆州，却如孩童抱金于闹市，无力守护。将军，试问您，对于这片充满机遇的土地，难道一点想法也没有吗？"

言罢，诸葛亮话锋一转，道出了第二步策略——"再看益州，山川险峻，沃野千里，自古便是帝王之地。高祖皇帝曾以此地为跳板，成就千秋伟业。而今刘璋昏庸无能，北有张鲁之患，虽民殷国富，却如明珠暗投。将军身为汉室宗亲，威名远播，何不趁此良机，将益州纳入囊中，为成就霸业奠定坚实的基础呢？"

最关键的第三步，便是与孙权结盟——"孙氏家族，正于三江五湖间纵横捭阖，虽暂居东南一隅，然其雄心勃勃，迟早会突破太湖束缚，参与到这场逐鹿中原的竞争中来。待那时，将军与之联手，无疑会为您的宏图大业增添一股不可小觑的力量！"

前述战略，是诸葛亮为刘备精心制订的近期规划，旨在通过与孙权的联手，巧妙规避曹操的锋芒，逐步蚕食荆州与益州，最终与曹操、孙权鼎足而立。诸葛亮未离茅庐半步，却已悄然布下了天下三分的棋局。

再论长远之策，一统江山才是终极目标。首要任务，便是稳固荆州与益州的根基："需坚守两地之险，西与诸戎和睦共处，南抚夷越之民，外与孙权保持友好关系，内则励精图治，以安民心、稳社稷。"

"待到天下风云再起之时，便可遣一勇将，率领荆州精锐之师，挥师北上，直指宛城、洛阳；而将军您，则亲率益州雄师，直捣秦川。到那时，百姓必将欢欣鼓舞，箪食壶浆以迎将军。如此，汉室复兴、霸业成就，便指日可待矣。"

一番精辟分析下来，刘备惊为天人，更是下定了要将孔明弄到手的决心。

然而，当刘备满怀期待地开出诱人条件，试图说服诸葛亮出山辅佐时，诸葛亮却并未立刻应允。他故意摆出一副拒人于千里之外的姿态，声称自己并无出山之念，只愿在这草庐之中，安享清闲。这一番虚晃，无疑是在为自己的价值再添一把筹码，让刘备更加珍视自己。

刘备见状，心中虽急，却也不失风度，再次恳切地表达了自己的诚意与决心，言辞之间，满是对诸葛亮才华的仰慕与对未来的憧憬。

诸葛亮见状，知道火候已到，于是顺水推舟，应允刘备的邀请，决定出山助其一臂之力。至此，这一场精心策划的"营销局"，圆满落幕。

养势荆州：喂养大众需求，将卖点引爆

　　好人设不仅仅是一种包装，还是深刻洞察并温柔喂养大众内心需求的一种策略。刘备深知，真正的领导力不仅在于武力征服，还在于人心的归附。他通过广施仁政、礼贤下士，构建了一个符合时代需求、深得民心的"好人设"，这不仅是个人魅力的展现，还是对时代脉搏的精准把握。

火烧博望，烧出一堆麻烦来

刘备驻扎新野（今河南新野）时间虽短，却如磁石般吸引了荆州各路英雄豪杰纷纷来投。这一动向，自然难以逃过刘表的眼睛。刘表对刘备表面上礼遇有加，尊为上宾，实则内心充满了戒备与猜疑。

刘表防范刘备，主要采取了两手策略。

其一，打着"信任"与"重用"的幌子，将刘备调离新野，派其前往荆州边界驻守。这一计，既巧妙地削弱了刘备在新野的影响力，又让他成为自己抵御外敌的屏障，可谓一石二鸟。

当然，刘备也不是等闲之辈。他看穿刘表的用意，却不动声色，将计就计，巧妙利用刘表为自己提供的条件，在荆州这片土地上稳步发展，同时保持高度的警觉与灵活，随时准备应对可能的变故。

结果，因为跟曹操打了一仗，刘备又给自己惹来了麻烦。

公元202年，刘表趁曹操北上攻击袁尚，企图袭取许都，这个重任自然而然落到了刘备头上。成，则刘表力挽狂澜光复汉室；败，则刘表除却一个心头大患。

刘备于是被迫北伐，竟一路势如破竹，直逼叶县，许昌已遥遥在望。曹操闻讯，急忙调遣夏侯惇、于禁、李典三位大将，企图遏制刘备的凌厉攻势。刘备见状，不慌不忙，率部后撤，于博望之地布下阵势，与曹军形成对峙之局。

一日，刘备故意派出少量兵马与夏侯惇交锋，一番激战之后，刘备军看似不敌，纷纷溃退，甚至不惜烧毁自军营寨，营造出一种败局已定的假象。夏侯惇见状，心中大喜，误以为刘备已无力再战，便决定乘胜追击，一举擒获刘备。李典心生疑虑，连忙劝阻，却被夏侯惇视为胆小怕事，对他的建议不予理会。

然而，夏侯惇与于禁率军进入狭窄的林间山道时，刘备伏兵如同猛虎下山，突然从四面八方杀出，夏侯惇、于禁措手不及，陷入苦战。赵云一马当先，生擒敌将夏侯兰，令曹军士气大挫。

就在夏侯惇、于禁命悬一线之际，李典率本部人马及时赶到。成功救出夏侯惇、于禁，稳住了曹军阵脚。刘备见曹军已有防备，且兵力有限，不愿恋战，果断下令退军。

这就是著名的"火烧博望坡"，它是刘备策划的，不是诸葛亮策划的。

博望坡之战，刘备展现出了不错的军事才能。这场战役虽然规模不大，但刘备击败的是曹操麾下名将，声望与威望由此再振。同时也令刘表忌惮更深。

于是，刘表又祭出第二手策略——以情义作伪装，让刘备率部驻守在与襄阳仅一水之隔的樊城，将刘备紧紧束缚在自己身旁，使他远离军事前线，无法自由施展拳脚。

这样，刘备的一举一动便都在刘表的监视之下。但是，这种做法同样存在弊端——万一刘备暗中搞小动作，出其不意给他致命一击呢？刘表忧心忡忡。

睡榻之侧容他人安眠，不是刘表想看到的，更不是刘备所希望的。

这一时期的刘备，表面看似悠闲安逸、波澜不惊，实则内心如沸。他寄人篱下，受人猜忌，深知绝非长久之计。每当夜深人静，那份对未来的忧虑便如潮水般涌来，让他难以入眠。

一日，刘备与刘表闲坐聊天，谈及过往的烽火岁月，刘备不禁感慨万分。他低头看了一眼自己，发现因久离鞍马，大腿上竟已生出了赘肉，他不禁悲从中来，泪水不自觉地滑落衣襟，打湿了一片。

刘表见状，大惊失色，连忙追问其中缘由。刘备深吸一口气，缓缓说道："兄弟我年至半百，却仍功业未建，只能在这安逸之中虚度光阴。你看这大腿上的赘肉，便是我苟安现状的见证。悲哉！"

寥寥数语，那份无奈与不甘，那种壮志未酬、英雄末路的悲凉，已经跃然纸上，非苟且偷安者所能体会。

劝袭曹，才高震主还是慎言为妙

官渡之战，袁绍遭遇惨败，他深感惭愧与愤怒，竟因此而发病，最终呕血身亡。此时，曹操面临两个紧迫的选项：一是先行征讨刘表；二是彻底解决袁绍的几个儿子——袁尚、袁谭、袁熙在北方的割据问题。

郭嘉这时站了出来，向曹操提出了一个极富策略性的建议。他指出，袁绍生前对这几个儿子都极为宠爱，却未曾明确立嗣，导致现在郭图、逢纪等人分别成了袁谭和袁尚的智囊，他们之间的争斗难以避免。一旦这些势力返回北方，必将陷入分裂。郭嘉进一步分析道："如果我们急于进攻，他们可能会暂时联手抵抗；但如果我们稍作缓和，他们之间的争斗之心就会愈发强烈。因此，我们不如向南做出讨伐刘表的姿态，暗中等待北方的变化。一旦时机成熟，我们再出击，便可一举平定北方。"

曹操对于郭嘉的计谋表示了高度的赞同，立即着手布置。公元203年五月，曹操亲率大军从北方撤回许都。随后，他大造舆论，营造出一种大张旗鼓"南征"的态势。

正如郭嘉所预料的那样，不久之后，袁氏兄弟之间便爆发了激烈的争斗。袁谭被袁尚击败，陷入困境。然而，他并未意识到"引狼入室"以及"唇亡齿寒"的严重后果，竟派遣辛毗向曹操求救。此时，曹操的南征大军已经抵达西平。辛毗紧追不舍，终于在西平见到了曹操，并转达了袁谭的求救意愿。

这突如其来的变故，使曹操集团内部产生了分歧。

多数人认为，刘表势力强大，而袁氏兄弟已是棺中枯木，不足为虑，因此，应该优先平定刘表。

然而，荀攸却坚定地支持曹操和郭嘉的决策。他分析道：刘表其实并不可怕。如今天下大乱，而刘表只知道固守江、汉之地，毫无四方之志，可见其成就不大。反观袁氏，他们仍然拥有相当的势力。现在他们兄弟反目，这种时机千载难逢。我们应该趁他们内乱，迅速回师北上，夺取河北之地。

在荀攸的力劝下，曹操终于下定决心，旋即挥师北上。没几年，便成功消灭袁谭、击败袁尚，稳住北方局势，并自领冀州牧。

公元207年，曹操再度挥师北上，目标直指乌桓，意在彻底消灭袁尚与袁熙的残余势力。这一军事动向迅速传至荆州，刘备敏锐地察觉到，这或许是一个能够改变局势的难得契机。他当机立断，极力劝说刘表趁机偷袭许都，在曹操后方制造混乱，分散其兵力。然而，遗憾的是，刘表并未采纳此建议。

事实上，刘备提出的这一策略无疑是极为高明的。若刘表能够采纳并付诸实施，那么曹操在面对前线的乌桓与后方的荆州双重威胁时，必然会陷入首尾难以兼顾的困境。在曹操的阵营中，也有谋士敏锐地意识到了这一潜在的危机。他们认为，袁尚不过是亡命之徒，而乌桓更是不足为虑。真正的威胁来自刘备与刘表，这二人可能趁此机会发动偷袭，那将是对后方的致命一击。一旦后方生变，必将追悔莫及。

这时，郭嘉再次站了出来，力挺曹操征伐乌桓的决定。他分析道：

"主公虽威名远播，震慑四方，但乌桓因为地处偏远，必然不会对我们设防。我们可趁其不备，发动突袭，必能将其一举击溃。再者，袁绍昔日对百姓及异族有恩，其子袁尚、袁谭兄弟尚在人世。如今冀、青、幽、并四州之民虽表面上归顺主公，然而主公恩德未施，民心未稳。若此时舍弃北方，南征刘表，袁尚必会借助乌桓之力，招揽死忠之臣，一旦胡人有所行动，百姓及异族定会群起响应，恐怕到时，青、冀二州将不再为主公所有。

至于刘表，不过是个空谈家罢了。他自知才能不足以驾驭刘备，若重用刘备则担心无法控制，若轻视则刘备又不愿为其所用。因此，即便主公倾全国之力远征乌桓，也不必担心刘表会趁机作乱。"

郭嘉的分析极为透彻：乌桓无备，可趁机突袭；袁氏余威犹存，但袁氏兄弟尚未整合势力，正是一举定乾坤的好时机；刘表外强中干，不足为虑，且对刘备心存戒备，不会轻信其言，刘备及其军事力量实际上已对刘表形成了制约。

拒受荆州，约束住实力之外的欲望

一位商人，丧偶未再娶，疼爱有加的独生子是他生活的重心。他细心呵护着这唯一的血脉，并将其送往远方求学。然而，命运弄人，不久之后，商人突然重病不起，在生命的最后时刻，他立下了一道令人瞠目结舌的遗嘱：将家中所有财产，无一例外，悉数转让给一直在身旁照顾自己的管家。但有一个例外——如果他的儿子在将来想要回其中的任何一项财产，管家必须无条件地满足他。

商人离世后，管家欣喜若狂，他夜以继日地赶往城市，找到商人的儿子，将那份遗嘱展现在他面前。商人的儿子看后，心如刀绞，哀痛欲绝。在安葬了父亲之后，他久久无法从悲痛中走出，一直在深思熟虑自己该如何应对眼前的困境。

最终，他决定向一位知心朋友倾诉心声，将家中的变故和盘托出。朋友听后，沉默片刻，缓缓道："你父亲其实非常聪明，他的举动背后有着深远的考虑。"商人儿子听后却满腹牢骚，满脸不甘："把所有财产都送给那个管家还谈得上什么聪明，简直是愚蠢至极！"

朋友见他如此反应，知道他尚未领悟其中的奥秘，于是耐心引导："你父亲知道自己离世后，你若无亲人照应，管家可能会携带着他辛苦积累的财富离开。因此，在你不在身边的情况下，他才采取了这样的策略，将所有遗产巧妙地保护了起来。"

然而，商人的儿子依然感到困惑不解，他眉头紧锁，追问："既然都已经送给管家了，那保管得再好，对我又有什么用呢？"

朋友见他死不开窍，只好揭开谜底："你要知道，管家也是你父亲的一项财产。"

这里为什么要讲这个故事呢？往下看。

被迫迁往樊城，谏言又被拒，刘备行事越发慎独慎微，加之刘表受时局所限，自公元 207 年起，两者关系有了显著的缓和。

所谓"时局所限"，主要体现在以下几点：

首先，刘表已然意识到，曹操在逐一击败吕布、袁术、袁绍父子及乌桓后，自己已经成了其下一个军事打击目标。

其次，孙权一直对荆州虎视眈眈，多次发起军事行动，已经对荆州造成严重威胁。

再次，刘表将刘备作为一支独立的军事力量安置在樊城，这一决策事后被证明是失策的。随着刘备军力的增强和声望的不断提升，刘表对刘备的掌控能力已经越来越弱。在外患严重的情况下再与刘备撕破脸，对刘表而言相当于自断一臂。

最后，荆州集团内部也面临着严重的危机。

刘表膝下二子刘琦、刘琮，均缺乏才干。在刘表病重之际，二子为争夺州牧之位，开始明争暗斗。

起初，刘表因为刘琦相貌与自己相似而偏爱刘琦，但是后来，刘琮娶刘表后妻蔡氏侄女为妻，刘琦因此失宠。刘琦失宠后惊慌失措，曾向诸葛亮寻求自保之策。据《后汉书·刘表传》记载，诸葛亮起初并未直接回答，后来两人一同登上高楼，刘琦命人撤去梯子，对诸葛亮说："今日上不至天，下不至地，所言仅你我知晓，现在可以说了吧？"诸葛亮回答说："你没看到申生在宫内遭遇危险，而重耳流亡在外却得以安身吗？"刘琦听后恍然大悟。恰逢此时，刘表麾下的江夏太守黄祖被孙权所杀，刘琦便趁机请求接替黄祖的职位，驻守江夏。

在刘表病重期间，荆州政务大权落入后妻蔡氏、次子刘琮及其党羽之手。彼时，刘琦想要回来探望父亲，却遭蔡瑁、张允阻挠，他们恐刘琦与刘表相见后局势生变，遂将其拒之门外，并假借"守江夏责任重大，擅离职守恐惹父怒加重病情"之名，迫使刘琦含泪离去。

如果刘琦确实是受了诸葛亮点拨，自请外任，不得不让人对诸葛亮的真实意图有所怀疑。

昔日袁绍长子袁谭被外放青州刺史，远离权力中心，自此失去了与弟争锋的筹码。诸葛亮对时局洞若观火，为什么会教授给刘琦如此不高明的应对方式呢？或许还有一种可能，就是刘备、诸葛亮故意促成刘琦外出，加剧刘表二子矛盾，进而分裂荆州，从中渔利。

这样的推测不无可能。

刘表身处内外交困之境，外有曹操、孙权虎视眈眈，内有刘备势力崛起，加之诸子才疏学浅，难以驾驭，更有刘琦、刘琮兄弟阋墙，局势愈发紧张。于是，刘表在病榻之上，玩了一出"托荆州"的把戏，意在安抚刘备，确保荆州牧之位能够顺利传给刘琮。

彼时，刘表已立刘琮为嗣，刘备自然心领神会，随即表态："诸子皆贤，君但安心养病。"

刘表去世后，有人建议刘备按刘表所说，自领荆州牧。刘备却婉拒道："刘表待我情深义重，今若从其遗言，世人必笑我薄情寡义，此非我所愿。"

实则，刘表夫妇偏爱刘琮，断不会将荆州拱手让与刘备。刘表性格多疑，此举不过是其临终前的政治手腕罢了。刘备若真的去自领荆州，荆州集团会暂且放下恩怨，一致对付他这个外人，曹操、孙权更有了发兵荆州的理由，那才叫麻烦大了。

携民渡江：好处我要，名声我也要

公元208年秋，曹操南征，刘表病逝，刘琮继位荆州牧，刘琦仅得"成武侯"虚职，他大怒，欲起兵夺权。

然而，还未来得及采取行动，曹操的大军已经迅速抵达新野，刘琦被迫率军向南撤退。这时候，若没有曹操的突然到来，刘表的两个儿子或许会像袁氏兄弟那样互相争斗，最终让刘备这个渔翁坐收渔利。

曹军兵临新野，蒯越、韩嵩等众多文臣武将纷纷劝说刘琮投降曹操。刘琮还想抵抗，傅巽进谏道："逆顺有定，强弱有常，以新楚抗中原，无疑是危在旦夕；以刘备对抗曹操，更不是明智之举。两者皆短，如何能抵挡得住曹操的雄师？"

刘琮觉得刘备大概能拯救一下自己，傅巽再次劝道："刘备若不能敌曹，则全楚难保；若能敌，则他不会为将军之下。"

此时，王粲亦赞誉曹操为人杰，唯有归顺曹操，方能保住宗庙社稷。

面对曹军的强大气势和人心涣散的局面，刘琮最终决定投降曹操，这无疑是一个明智的选择。曹操虽然没有将刘琮留在荆州，却任命他为青州刺史，并封为列侯。蒯越等十五人亦被封侯，并有多人入朝任职。

曹操轻而易举拿下荆州，随后将目光转向刘备。

刘琮降曹，对刘备而言无疑是极为不利的。他瞬间失去了重要依托，孤立无援，因此他格外愤怒。

据史书记载，这时有人建议刘备"劫持刘琮及荆州吏士，径直南下到江陵"。刘备正色回应："刘荆州临终前托孤于我，我若背信弃义，死后有何面目见刘荆州！"显然，在当时的形势下，刘备已经没有机会和能力这样做了，若有，他断然不会错过。此话，明显是在沽名钓誉。

如今情势危急，北有曹军压境，东有孙权进逼，刘备在荆州已无法立足，只好南下江陵，实施战略转移。

这次，刘备没有一个人跑，而是携百姓同行撤退，高调表示："我不忍目睹百姓遭曹操屠戮！"

事实上，曹操这个人深谙民心之重，除了早年因父被害在徐州一怒屠城之外，他一向谨慎维护自身声誉。面对无辜百姓，他又怎会无故自毁形象呢？

刘备此举，显然暗藏玄机！当时局势明朗：曹操兵力强大且精锐，而刘备兵少且羸弱。刘备的队伍在旷野中犹如明灯，曹军一眼便能锁定，轻易将其摧毁。

然而，刘备若将自身部队混杂于十几万百姓之中，形势则截然不同。曹军难以确定攻击目标，且面对构成阻碍的老弱病残，亦不敢贸然屠杀，只能束手无策。

而刘备方面，则能借此顺利脱险，同时随时可以从百姓中补充兵源。

高潮还未到来。在携民逃亡的过程中，刘备突然放声大哭，悲痛欲绝："是我拖累了百姓！我心中有愧啊！让我以死谢罪吧！"说着便摆出投江的姿态，却被随从拉住。此举让百姓们被刘备感动，纷纷落泪！

此时，有善良百姓劝刘备独自逃亡，以免被众人所累，刘备大义凛然："你们如此信任我，我怎能抛下大家独自偷生！"

这一下，刘皇叔"仁义无双"的人设更是传遍千里。

血战当阳，舍不得孩子，套不住猛将

接下来的剧情，自然是赵云白马银枪、血战当阳。

赵云初为公孙瓒麾下勇将，后于邺城时期开始追随刘备。彼时的刘备，历经风雨飘摇，五次易主，四弃妻儿，而赵云始终坚定不移，如影随形。赵云的英勇与忠诚，在当阳长坂坡一战中更是得到了淋漓尽致的体现。

彼时，刘备率领百姓逃难江陵，曹操则派遣精锐骑兵穷追不舍，最终在当阳长坂附近将刘备军队团团围住。情势危急之下，刘备舍弃妻儿，仅率张飞、诸葛亮、赵云等数十骑仓皇南逃。然而，没跑出多远，赵云却毅然折转，孤身向北，径直闯入曹军重围。

当时有人向刘备报告赵云投敌，刘备闻言，怒掷手戟，坚信道："子龙绝不会背弃我！"

果然，赵云不负所望，不仅成功救出了刘备的幼子刘禅，还护佑着刘备的妻子甘夫人安然归来。此战之后，刘备对赵云的英勇与忠诚深感敬佩，遂任命他为牙门将军。

值得一提的是，"单骑救主"并非刘备之命，而是赵云主动为之。至于战役的惊险程度，是否如演义中所述那般惊心动魄，赵云是否真的斩杀了曹操五十余名名将，杀得七进七出，我们已无从考证。但毋庸置疑的是，赵云确实成功救出了刘备的幼子。

此时，刘备举起刘禅，作势欲摔，口中怒骂："为了你这逆子，差点搭上我一员大将！"

赵云为人耿直，被刘备感动得热泪盈眶，直接跪倒在地，情真意切地表示，从此愿为刘备肝脑涂地，在所不辞。

这时，有个江东老实人，名为鲁肃，跑过来劝刘备："皇叔，别演了，有演戏这功夫，咱们一起琢磨琢磨怎样杀退曹操不好吗？"

刘备心说，我拿什么杀退曹操？我现在这实力要是冲上去，是去杀曹操，还是让曹操杀？

鲁肃非常淡定，不疾不徐："我主公江东孙权，愿与皇叔联手。"

孙、刘能够结成联盟，可以说鲁肃功不可没，其作用远超诸葛亮。南朝宋人裴松之就曾客观评价过："刘备与孙权并肩抗曹，皆鲁肃之先谋。"

诸葛亮的确受刘备之托出使东吴，但接下来的舌战群儒、智激周瑜、草船借箭、借东风，均为小说家之言，并不符合历史。

客观地说，赤壁大战的主角是东吴，刘备军团只是起到了辅助作用。

咱们接着往下看。

联吴抗曹：找大鱼傍身，要有制约大鱼的本事

在竞争与博弈中，仅仅做到谋定后动远远不够，大智者如刘备，一定会提前做好规划，这样当突发状况来临，才能有更多的选择，以供自己随机应变。这样，计划与应变能力便可以相互补充，既井井有条，又自如灵动，最大限度地避免自己出现错漏。

陈兵赤壁：量算出力，进退有据

赤壁之战，孙权任命周瑜与程普为左右都督，统领大军与刘备联手抗击曹操，并委任鲁肃为赞军校尉，参与军事决策。

周瑜接到命令后，迅速率兵奔赴樊口与刘备会师。刘备在与周瑜的会面中询问："现今我们与曹操对峙，这确实是个明智的决策。但我们的勇士有多少人？"周瑜回答："三万人。"刘备略显忧虑："人数似乎有些少。"周瑜则自信满满地回应："这就够了，刘豫州只需看我如何击败曹操。"刘备希望鲁肃和诸葛亮也能参与此次会谈，但周瑜坚决反对："我受命而来，不能随意安排他人。如果你想见鲁肃，可以另行安排。至于诸葛亮，他已经同行，估计再过两三天就会到达。"

面对四处寄居，屡屡战败的刘备，周瑜显然是有些看不起的，而刘备，在周瑜面前，多少有些唯唯诺诺。

会谈后，刘备对于抵抗曹操的信心仍然不足，担心战败后无处可退。据记载，刘备在部署兵力时为自己留了后路，只派遣了两千人跟随关羽和张飞前往前线，并没有拿出足够的合作诚意。这倒也是人之常情。他刚经历新败，心中仍有余悸，对于"拿三万人对抗曹操数十万大军"这件事并不看好。他的兵力本就有限，不能冒险将仅存的数千士兵投入这场胜负难料的战斗中。从任何角度来看，他都已无法承受再次失败的后果。因此，他必须为自己考虑后路。

公元 208 年十月十日，周瑜与程普率领水军，携手刘备，逆流而上，抵达赤壁，与顺流而下的曹军不期而遇。初战之际，曹操军队即遭遇挫败。

首战失利，曹操被迫撤退至长江北岸，将全部战船紧紧依傍于乌林一侧的岸边。与此同时，周瑜则巧妙地将己方战船部署于南岸的赤壁之畔，两军由此形成对峙局面。

时值隆冬，寒风刺骨，波涛汹涌，曹军将士因不熟悉水上作战而饱受晕船之苦，加之军中疾病肆虐，导致非战斗减员十分严重，曹军战斗力大幅受损。为了缓解战船摇晃造成的士兵晕船的问题，曹操采取非常措施，下令用铁链将所有战船紧紧相连。

这时，曹操的陆军也相继抵达，并在岸边扎下营寨。曹操的本意，是想借此机会进行休整，待到来年冰雪消融、春暖花开之时，再图取东吴。十几岁就与孙策一起打天下，久经沙场的周瑜当然不会给他这个机会。

再加上，曹操新得荆州，实力膨胀，得意忘形，心存轻敌之意，自认为大军压境足以震慑东吴，从而没有保持应有的谨慎，未能周全考虑，轻易上了周瑜与黄盖的当，最终导致赤壁之战的惨败。

而在赤壁之战中，刘备的主要贡献体现在陆战方面。据说，周瑜在精心策划水战的同时，还分兵在乌林一侧登陆，而刘备则率部从蜀山向乌林进发，两军在曹操败退时形成了协同追击的态势。

曹操战败之后，率部撤退至华容道（今湖北监利东），却遭遇泥泞之路，通行受阻，加之狂风肆虐，形势愈发严峻。为解困境，曹操命体弱兵士背负干草，填铺道路，以供骑兵通过。这些羸弱之士在人马践踏之下，纷纷陷入泥潭，伤亡惨重。所幸张辽、许褚二人及时赶来接应，曹操方得脱险。

需要强调的是，曹操在华容道并未遭遇刘备军队的埋伏，更无关羽义释曹操的传奇。据史实记载，曹操脱困后曾笑道："刘备，算得上我的对手，只可惜反应迟钝，计谋略迟，若早些放火，咱们恐怕已无一幸免。"正如曹操所预见，刘备确实慢了一步，待其赶到，曹军已安然通过，刘备放火，只不过做做样子给东吴看，徒劳无功。又或许，刘备本就不希望曹操死，因为曹操一死，他势必要被东吴顺势蚕食。

赤壁之战，刘备扬眉吐气，彻底摆脱了长久以来对曹操的恐惧，一扫往日阴霾。

随后，刘备与周瑜携手合作，将曹仁等人围困城中长达一年之久。曹仁孤城难守，最终无奈放弃江陵，退守襄樊。这一次，刘备在两军联合作战中发挥了一定的作用，为表示感谢，周瑜慷慨地增援刘备两千兵马。

偷夺四郡，把棋下到十步之外

曹仁北撤后，周瑜紧随其后攻取合肥，并进军江陵，自领南郡太守，驻兵于此。与此同时，孙权任命程普为江夏太守，率部驻扎在沙羡（今汉口西南）；吕范镇守彭泽，而吕蒙则担任寻阳（今江西九江）令。如此布局，使得孙权得以稳固控制西起夷陵（今湖北宜昌东南），东至寻阳的长江防线。刘备在赤壁一役中助战有功，孙权便将南郡江南岸地区划归刘备，刘备将其改名为"公安"，作为自己的临时根据地，徐图发展。

荆州南部的长沙、桂阳、零陵、武陵四郡，在战乱中被刘表旧部分裂割据，刘备对这四郡早已心生觊觎。曹操北归后，刘备立即举刘琦为荆州牧，显而易见，此举是在借势刘表一脉收拢人心，便于收复荆州江南四郡。

随即，趁东吴军队尚无暇顾及，刘备迅速发兵，一举拿下四郡。

刘备收复江南四郡，不仅版图得以扩张，更添一员猛将黄忠。黄忠，字汉升，南阳豪杰，曾仕刘表为中郎将，与刘磐共守长沙攸县。曹操占领荆州后，黄忠仍领旧职，归于长沙太守韩玄麾下。韩玄归降，黄忠亦随之投诚。

公元 209 年，刘琦病死，刘备终于得以执掌荆州。在众人的拥戴下，自封荆州牧，治所设于公安。刘琦麾下的数万兵马，也顺利归入刘备麾下，使得刘备进一步掌控了江北的部分区域。长久以来梦寐以求的荆州自主，仅差一步。

为巩固胜利成果，冬十二月，刘备主动献媚孙权，他上表举荐孙权为车骑将军，兼任徐州牧，希冀以此换取孙权对他荆州牧地位的承认。

鲁肃从战略高度出发，力劝孙权批准刘备总督荆州事务，并提议将东吴所控制的部分荆州地域也"借"予刘备，旨在助其稳固根基，与东吴形成联盟，共同抗衡曹操的威胁。孙权经深思熟虑后，认同了这一策略，遂将荆州的南郡"借"给了刘备。所以，刘备"借荆州"，其实只借到了荆州的南郡。

孙权这一决策的背后，一是对曹操南征时重心偏向淮南的局势考量；二是有意借刘备之力，使其代替东吴承受荆州前线曹军带来的强大压力；三是东吴半个南郡在刘备江南四郡与曹操襄阳的包围之中，等同于一块飞地，随时都有被吞并的可能，索性做个顺水人情，拿来拉拢刘备吧。

自此，刘备终于蜕变为一方霸主，实现了领地自主，任诸葛亮为军师中郎将，督管零陵、桂阳、长沙三郡，负责赋税征收，充实军备；任关羽为襄阳太守、荡寇将军，驻守江北；张飞为宜都太守、征虏将军，封新亭侯，后转战南郡；赵云为偏将军，兼任桂阳太守。

　　如此布局，刘备实际上完成了对江陵的战略包围，控制了军队西入蜀地的长江水域及周遭军事要塞，悄然制约着东吴力量在荆州地区的发展，为将来孙、刘两家撕破脸，做好了充分准备。

巧借荆州：爱情和事业，可以双管齐下

周瑜是一位极具智谋的人物，早早便洞悉了刘备的野心，意识到若不趁早应对，终将养虎自啮。然而，时局紧迫，曹操大军压境，孙、刘两家不得不暂时联手共御外敌，这使得周瑜只好暂且搁置收拾刘备的念头。

曹操北撤之后，周瑜立即向孙权提议收拾刘备。他直言不讳地指出，刘备不可小觑，加之有关羽、张飞这样的勇猛之将辅佐，假以时日，必成大患。为了消除这一潜在威胁，周瑜建议将刘备软禁于东吴，通过奢华生活消磨其斗志，使之不足为虑。

然而，孙权听取周瑜的建议后，在执行上出了差池，将原本的"温柔陷阱"演变成了"政治联姻"。

美人送怀，刘备自然是欣然接受，只是苦了正值青春年华的孙小妹，无奈嫁给一个年过半百的油腻大叔，成了这场政治博弈最大的牺牲者。

当然，享受归享受，正事仍需筹谋。老练的刘备怎会不知孙权与周瑜的用意？在这种形势下，如何全身而退成为他亟须解决的问题。诸葛亮给赵云锦囊妙计的事情大概率是没有的，但即便真有，锦囊里或许也仅是一个简单的字——跑！

可是，怎样才能毫发无伤地跑？刘备说没关系，这是我的拿手好戏。

此时的刘备显得格外冷静，他始终装出一副"醉生梦死、自甘堕落"的样子，在闲暇之余，总是带着补品"偶然"路过丈母娘吴夫人的居所，或是设宴邀请舅哥孙权共进晚餐。久而久之，孙家上下对他形成了统一的评价：刘备，厚道！

一个厚道的人，自然值得信赖。有这样一个可靠的妹夫坐镇荆州，与孙家携手共进，曹操即使有百万大军，恐怕也难以跨越眼前这条滔滔大江。孙权这样想，也不无道理。

彼时，曹操正在许都附庸风雅，挥毫泼墨，一听说孙权成了刘备的大舅子，十分气愤。

然而，孙权还是低估了刘备的野心与能力。

当刘备感觉时机已经成熟，便感慨万千地与孙权聊起了家常："妹夫我在兄长这里打扰多时，手下的兄弟们缺乏管教，恐怕军事素质已经大不如前。如今曹操仍在北方虎视眈眈，形势不容乐观！如果兄长认为我还算可以，我愿意为兄长守住荆州的门户，哪怕粉身碎骨，也在所不辞！"

孙权听后，觉得刘备言之有理，于是爽快地赠予刘备一艘大船，并大张旗鼓地为他送行，周瑜拦都拦不住。

周瑜一计不成又生一计，再次为孙权献上新的策略：征伐益州，并张鲁，与马超结盟，占据襄阳以抵抗曹操，进而图谋北方。

孙权对周瑜的提议深表赞同，并将重任委以周瑜。然而，周瑜在返回驻地江陵，准备出征的途中，不幸身染恶疾，最终在巴丘英年早逝，年仅三十六岁。

在生命的最后时刻，周瑜仍不忘劝谏孙权把收拾刘备提上日程。然而，孙权对周瑜的这一建议并未给予足够的重视。

硬刚孙权：利益可以让，底线不能丢

　　四川，自古素有"天府之国"的美誉，这里物产丰富，民众安乐，且地势险峻，历来是军事家竞相争夺的战略要地。对于刘备、孙权、曹操而言，夺取巴蜀之地，都是势在必行的战略布局。

　　纵观时局：

　　曹操若欲取蜀，必须先向北推进，平定马超、韩遂及张鲁，占据汉中，扼守益州的北大门，再寻找机会进一步扩张。

　　孙权欲取蜀，则有两条步履维艰的推进路径：

　　一是北经湖北房县、上庸，穿越安康，夺取汉中进而入蜀。这是周瑜生前与孙瑜共同谋划的路线，但成功率极低，因为曹操绝不会坐视不理。

　　二是沿江逆流而上，但这条路同样荆棘密布。孙权必须跨越刘备控制的荆州地界，才能到达益州。

　　东吴"得蜀并张鲁"的战略构想，触动了曹操敏感的神经，促使他加速西进，讨伐马超、韩遂与张鲁，以图巴蜀之地。

公元 211 年春，曹操派遣司隶校尉钟繇讨伐张鲁，并命令征西护军夏侯渊等人率领军队从河东出发，与钟繇会合，两路大军共同伐蜀。仅四个月后，曹操又亲自挂帅，迅速攻破潼关，两次渡过黄河，成功瓦解马超、韩遂的联盟，大败十部军队，斩杀了成宜、李堪等人。

马超、韩遂败逃后，曹操实际已经掌控了关中地区，既扩大了领土，又解除了西北的威胁，更阻断了孙权从北路进攻蜀地的可能。至此，孙权只剩下南路一条选择，即沿江而上，联合刘备共同夺取蜀地。

但孙权心中另有图谋，他打算借取蜀之机，将刘备逐出荆州。

据史书记载，孙权派遣使者向刘备传达了这样的信息："张鲁占据巴汉之地，如同曹操的耳目一般，对益州虎视眈眈。刘璋懦弱无能，难以自保。如果曹操得到蜀地，荆州将危在旦夕。我打算先攻取刘璋，再讨伐张鲁，实现吴楚连横。这样，即使曹操设下十面埋伏，我们也不足为惧。"孙权还提到："我愿意与兄长共同谋划大业，孔明的家眷现在吴地，可以让他们团聚。"

好家伙，连拿人质做威胁的手段都用上了。

刘备意图独霸巴蜀，自然对孙权可能涉足此地持排斥态度。荆州主簿殷观洞悉联合东吴的风险，向刘备进言："若充当吴军前锋，未能攻克蜀地，反而会被吴军所乘，大势便去。"这无疑是孙权所图。然而，刘备与孙权尚为名义上的盟友，且刘备军力不足以抗衡东吴。殷观于是献策："可表面上赞同其伐蜀，但声称新据之地尚未稳定，不宜行动。如此，吴军必不敢越过我军独

131

取蜀地。此策既可保蜀，又可制吴。"

刘备深以为然，遂以三理回绝孙权伐蜀之请：首先，蜀地富强，地势险要，刘璋虽弱，但足以自保；张鲁虚伪，未必忠于曹操。远征蜀地，胜负难料。其次，曹操虽有不臣之心，但名义上仍奉汉室。赤壁之战后，曹操势力未减，仍有更大图谋。若我军西进，曹操定会趁机偷袭。最后，同盟之间无故相攻，会令敌人有机可乘。

孙权对于刘备的劝阻置若罔闻，他心意已决，迅速调集兵力，委派奋威将军孙瑜统率精锐水师，浩浩荡荡地驶向夏口。

而此时的江陵，作为水陆交通的咽喉之地，早已被刘备牢牢掌握在手中。他的军队严阵以待，决不允许孙瑜的水军有任何通过的可能。

大敌当前，刘备巧妙地玩起了外交手腕。他致信孙瑜，高调表示："我刘备与刘璋同为汉室宗亲，本应携手共谋汉室之复兴。如今刘璋不慎触怒了您，我内心惶恐万分。我恳请您能宽宏大量，宽恕刘璋。"

随后，刘备又坚决地表明了自己的立场："倘若此番请求未能得到您的应允，我将毫不犹豫地选择归隐山林，从此不再涉足世间的纷争。"同时，他也向孙瑜重申了这一点："你若执意要攻取蜀地，那我唯有披发入山，以保全我对天下的信义。"

当然，这"披发入山，归隐山林"之说，未必是真的。刘备又岂会真的放弃心中的壮志，选择归隐山林呢？

然而，沽名钓誉，却能一石三鸟，不仅态度鲜明地拒绝了孙权，而且高调地向刘璋示好，更在天下人面前再次拔高了自己"仁义无双"的人设。不得不说，在炒作自己这一方面，三国诸雄，无人是刘备的对手。

为了确保自己的防线牢固，刘备紧锣密鼓地进行军事部署：命令关羽屯驻江陵，张飞扼守秭归，诸葛亮坐镇南郡，自己则亲率大军驻于屖陵，这条防线横跨数百里，犹如一道铜墙铁壁，将孙权的西进之路牢牢封锁。

孙权在得知刘备的坚决态度与严密布防后，心中虽有不甘，但也深知此时不宜硬碰硬。权衡利弊之后，他无奈地做出了撤军的决定。

孙权撤军之后，刘备立即着手进行自取西蜀的准备工作。他一方面调整并加强了针对孙权的防御部署，确保江东势力无法乘虚而入；另一方面，积极与益州方面的内应沟通协调，制订详细的入蜀方案，为即将到来的大战做足了准备。

暗结张松：小人物或许会有大作用

益州，汉代十三州之一，东汉末年，时局动荡，宗室刘焉欲避乱世，求守边疆，更倡言改制，欲将州刺史改称州牧，意在借此提升州级官员的权威，使自己能更好地掌控一方。

面对这一提议，朝廷内外议论纷纷，莫衷一是。这关键时刻，侍中董扶私下向刘焉透露了一个惊人的秘密："京师将乱，益州之地，隐隐有天子之气显现。"此言犹如一股强心剂，瞬间点燃了刘焉内心深处的野心之火。他当即放弃了原本的打算，转而全力以赴地谋求益州牧一职，以图大业。

恰逢其时，益州刺史郤俭因横征暴敛，导致民怨四起，声名狼藉，谣言更是满天飞。与此同时，并州刺史张壹、凉州刺史耿鄙等人也相继遭遇不测，这些事件无疑验证了刘焉"加重刺史权力"的主张的正确性。借此东风，刘焉的谋划终于得以实施，他被朝廷任命为监军使者，兼任益州牧，并被封为阳城侯。

抵达益州后，刘焉迅速展开行动，他一方面"抚慰叛离，广施恩德"，以收拢人心；另一方面则暗藏异志，蓄谋不轨。他派遣督义司马张鲁占据汉中之地，切断交通要道，杀害朝廷使者，并以此为由上书朝廷，称道路阻断难以通行。随后，他又寻机诛杀了州内的豪强十余人，以此树立权威、整顿法纪。

随着时间的推移，刘焉的谋反之心愈发膨胀。他竟仿效天子之制，制造了上千辆的车驾；同时，他还联络征西将军马腾，挥兵袭向长安，妄图篡夺皇位。然而，事与愿违，他的计划最终在公元194年遭到了重创。在与李傕的对峙中，他的两个儿子刘范和刘诞都命丧长安。刘焉得知这一噩耗后，心如刀绞，而紧接着的一场天火更是将益州城烧得面目全非，馆邑尽毁。在这双重打击之下，刘焉悲痛欲绝，最终因背疽发作而含恨离世。

刘焉育有四子，长子刘范担任左中郎将，次子刘诞则为治书御史，三子刘璋被任命为奉车都尉，而幼子刘瑁则随父于益州担任别部司马。不幸的是，刘范与刘诞在长安遭遇变故，刘瑁亦因病早逝，致使刘璋成为刘焉家族的唯一血脉，继而接任益州牧一职。

刘璋性格温和，胸无大志，无意于领土扩张，只求一方安宁。面对诸侯割据的乱世，他试图通过向曹操示好来确保益州的安全。公元205年，曹操即将征讨荆州，刘璋派遣中郎将阴溥前往致敬，曹操因此加封刘璋为振威将军，并授予其兄刘瑁平寇将军的称号。公元207年，刘璋再次派遣别驾从事张肃向曹操进献三百士兵及诸多珍贵物品，曹操因此征辟张肃为掾，并授予他广汉太守的职位。

公元 208 年，刘璋得知曹操已攻克荆州，便再次采用之前的策略，派遣别驾张松前往致敬，并表示愿意服从曹操的征调，派遣军队助战。

张松虽然身材矮小，其貌不扬，但才华横溢，他原本希望借此机会投靠曹操，并为曹操谋取益州出谋划策。然而，曹操却以貌取人，轻视了张松，认为在已得荆州、驱逐刘备之后，张松已无用武之地，因此对他"礼遇不周"，仅授予他越嶲苏示县令的职位（这实际上是对张松的降职）。

张松因此深感受到侮辱，从此对曹操心生怨恨。回到益州后，他大肆诋毁曹操，并力劝刘璋断绝与曹操的关系，转而与刘备结盟。这无疑是曹操的一个重大失误，正如孔子曾以貌取人而错失了子羽一样，曹操也因以貌取人而失去了张松这一关键人物，从而使得他西取巴蜀的大计化为泡影。

火拼刘璋：道与义，关键时刻应该分开来看

刘备虽以仁德著称，但这并不意味着他在所有问题上，都会固守"仁义"二字。他之所以能够一次又一次死里逃生，推倒一个又一个枭雄，很大程度上，要归功于他在关键时刻能够杀伐果断，绝不轻易被情感所左右。切记：妇人之仁，自乱根本。

引狼入室：无端献殷勤者，必有图谋

公元 211 年，曹操意图夺取汉中的军事部署，意外地为刘备入主蜀地铺平了道路。

彼时，益州牧刘璋闻讯曹操欲遣钟繇等将征伐张鲁，惊恐失措，无所适从。张松敏锐地捕捉到这一时机，首先以曹操兵强马壮、所向披靡的言论恐吓刘璋："若曹操假张鲁之手攻蜀，谁能御之？"刘璋面露忧色，坦言无解。

张松继而进言："刘备与您同为宗室后裔，又与曹操势如水火，且骁勇善战，主公若携手刘备，使其讨伐张鲁，张鲁必破。张鲁破，则益州势力增强，曹操即便来犯，亦无所作为。"

张松屡次劝谏刘璋："刘豫州，乃曹操之心腹大患，曹操是我们共同的敌人，理应与刘豫州交好。"刘璋采纳张松之策，询问何人可为使者，张松举荐法正。

法正，字孝直，扶风郿县人，同样渴望刘璋失势。他时任军议校尉，却未得重用，且饱受同僚排挤，心怀愤懑。法正与张松交情深厚，张松常叹刘璋无能，常与法正倾诉衷肠。两人情深义重，张松力荐法正与刘备联络，其意图不言自明。

据史书记载，刘璋派遣法正为使，法正还曾佯装推辞。

法正归来后，对张松大加赞赏刘备的雄才大略，两人密谋共迎刘备入蜀，只待时机成熟。

不久，张松再次劝谏刘璋："今州内诸将如庞羲、李异等，皆恃功自傲，心怀不轨。若无豫州（刘备）为援，则外有强敌环伺，内有民乱四起，败亡之兆已现。"至此，刘璋已被张松完全说服，决定引刘备入蜀，托孤寄命，并期望刘备能够为自己平定张鲁，北拒曹操。

不过，蜀地也不皆是张松、法正之流，刘璋迎刘备入蜀的提案并没有得到集团管理层的普遍支持，很多人对此深感忧虑。

主簿黄权急切进言："刘备狼子野心，若以部属相待，必不能令其满足；若以宾客之礼相待，则一国难容二主。客若稳如泰山，则主必危如累卵。不如闭关自守，静待时局变化。"

刘璋听后，心生不悦，非但没有考虑黄权建议中的中肯之处，反将其调离成都，贬为广汉县令。

刘巴亦劝阻："刘备乃雄才大略之人，入蜀必生祸端，主公不可接纳！"刘璋置若罔闻。

从事王累更是态度决绝，自悬于州门以死相谏。刘璋置之不理，王累悲愤交集，于州门自尽。刘璋依旧固执己见。

在张松与法正的不断怂恿下，刘璋派法正迎刘备入蜀，馈赠财物以亿万计。刘备趁机重贿法正，法正则趁机向刘备献策："以将军之英才，乘刘牧之懦弱；加之张松为州之栋梁，于内呼应；再借益州之富饶、天府之险峻，霸业可成，易如反掌。"言罢，法正将益州之机密尽数泄露给刘备。

虚与委蛇：真真假假都在虚实之间

庞统对刘备入蜀之事贡献卓著，他曾与刘备深入讨论入蜀之事。庞统分析道："荆州因连年战乱，人口凋敝，东有孙权虎视眈眈，北有曹操重兵压境，想要在此形成鼎足之势，实属艰难。反观益州，土地肥沃，民众强健，兵力充沛，财物自给自足，实为成就霸业之地。"

刘备听后，感慨道："我与曹操势不两立，我以宽厚仁慈对抗他的急躁残暴，以忠诚正直对抗他的狡诈多变，方能立足。若因小利而背弃信义，为天下人所不齿，此事我绝不为之。"

显然，这样的话，又是说给别人听的。

庞统心照不宣，继续说道："世事无常，岂能墨守成规？攻伐弱小、征讨愚昧，乃是古代五霸的行事之道。先以武力夺取，再以仁义安抚，事后加以封赏，又有何失信之处？今日不取，终为他人所觊觎。"

庞统所言"以义回报夺取之地，何负信义"等语，虽稍显强辩，但"今日不取，终为他人所觊觎"却是掷地有声。这席话说得很有水平，强行给刘备找到了一个"背信弃义，同室操戈"的正当理由，深得刘备之心。

公元211年冬，刘备留下诸葛亮、关羽、张飞等人镇守荆州，赵云担任留营司马，护卫后方。刘备则在庞统的辅佐下，率领亲兵沿江而上，浩浩荡荡直指益州。

刘璋以为自己引援成功，下令沿途官员供奉刘备，使其入境如归。刘备一行因此畅通无阻，备受礼遇，迅速从公安、宜都等地进军数百里，抵达益州巴郡（今重庆）。巴郡太守严颜哀叹道："这真是孤守穷山，引狼入室之举啊！"

随后，刘备又率军沿巴水（今涪江）逆流而上，深入益州腹地，抵达涪城（今四川绵阳）。

刘备抵达涪城之际，刘璋亲率三万步骑，自成都远道而来，以示热烈欢迎。二刘会面，喜悦之情溢于言表。《三国志·刘璋传》生动记录了这一盛况："璋率众盛装而来，光彩照人，与会者包括先主刘备及其麾下将士，共饮酒宴，欢度百余日。"宴会上，刘璋不仅盛情款待刘备，更与其部将相谈甚欢，气氛融洽。

然而，在这表面的兄友弟恭之下，实则暗流汹涌。

张松密令法正向刘备进言，提议趁机下手。刘备因顾虑重重，担心计划难以成功，故而婉拒道："此乃重大决策，不可轻举妄动。"

庞统则持相反意见，力劝刘备："此刻正值良机，无须兴师动众，即可轻取益州。"

但刘备认为此事需谨慎考虑，不可急于求成，遂劝众人道："初来乍到，尚未树立威信，此时不宜采取行动。"于是，这一密谋暂时搁置。

　　在二刘相聚期间，刘璋推举刘备为大司马，兼司隶校尉；刘备则推举刘璋为镇西大将军，益州牧之职依旧。刘璋更是慷慨解囊，赠予刘备兵马及大量军用物资。为助刘备征讨汉中张鲁，刘璋更令白水关守将杨怀、高沛听从其调遣。

　　刘璋此举引发了刘巴的担忧，他再次劝谏刘璋："若送人送军需使刘备攻张鲁，无异于为虎添翼。"刘璋依旧置若罔闻，刘巴料定刘璋必败，遂闭门称疾，静待事变。

　　刘璋与刘备欢宴百日之后，心满意足地返回成都。此时，刘备麾下兵马已增至三万，且装备精良、物资充足，完全具备北伐张鲁的条件。然而，刘备挥师北上至葭萌（今四川广元南）后，却突然按兵不动，暗中筹备起攻打刘璋、谋取成都的计划。

徐图成都：做大事者切忌妇人之仁

上回说到，刘备大军抵达葭萌后，并未急于进攻张鲁，而是驻扎于此，暗中筹谋攻取刘璋的策略。此时，庞统向刘备提出了夺取成都的三条计策。

庞统道："其一，可选精兵，昼夜兼程突袭成都。刘璋既无勇武，又缺乏防备，大军突然降临，必能一战而定。然此计虽在军事上或可速胜，但恐失民心，不利于益州全境征服，此乃上策之险。其二，杨怀、高沛乃刘璋部下名将，各拥强兵，扼守关隘。二人屡有书信劝谏刘璋，遣将军返回荆州。将军可借此机会，先遣使者佯称荆州有急，欲返兵救援，并令部众整备行装，制造归乡假象。此二将闻讯必喜，轻骑来见，将军可趁机擒之，夺其兵权，再向成都进发，此乃稳中求胜之中策。其三，退还白帝，联结荆州，徐徐图之，然而耗时日久，且易生变故，此乃下策。将军若迟疑不决，恐陷入困境，此地不宜久留。"

庞统所荐"上策"，即突袭成都，吃相过于难看，虑及民心，刘备最终放弃。而"下策"显然过于保守，刘备自不会采纳，因为一旦退路被断，则前功尽弃，且可能陷入腹背受敌的境地，再想图取蜀地，难上加难。最终，刘备采纳了庞统为自己量身定做的"中策"。

机会说来就来。

公元 212 年深秋十月，曹操率大军征讨孙权，成功攻克濡须口（今安徽无为市东北地带），给予孙权重创，并俘虏了其江西营都督公孙阳。孙权危急之中，急忙向刘备求援。这一局势恰好为刘备创造了一个契机，使他得以伪装成急需返回荆州的样子。

刘备随即致信刘璋："曹操正猛攻东吴，孙权危在旦夕。孙氏与我如同唇齿相依，加之曹操大将乐进屯兵青泥(今襄阳西北)，与关羽对峙。若我置身事外，乐进必将大获全胜，进而转攻荆州，其威胁远超张鲁。而张鲁不过是自保之贼，不足为虑。"借此大义名分，刘备向刘璋请求增援一万士兵及大量粮草，以备东行救援。

刘备"求兵东援"的计策，在成都引起了轩然大波。在此之前，刘璋已对刘备驻军葭萌却未攻打张鲁心生疑虑。此番请求更是加深了刘璋的疑虑。然而，碍于情面，刘璋并未直接拆穿，只是敷衍地提供了四千士兵，其余物资均减半供给。

此时，张松内心焦灼，不明刘备的真实意图，于是写信询问："大事即将来临，为何突然放弃？"这封信不仅暴露了自己的身份，更让刘备谋取益州的计划大白于天下。张松之兄、广汉太守张肃，担心自己受到牵连，便向刘璋揭发其弟。刘璋一怒之下，下令处斩张松。

刘备则利用刘璋未足额补给兵资之事大做文章，慷慨激昂地发表演讲："我为益州征讨强敌，将士们日夜辛劳，未得片刻安宁。如今却吝啬于奖赏财物，如何激励勇士们舍生忘死、奋勇杀敌？"

得知张松被杀的消息后，刘备怒发冲冠，遥指刘璋斥责道："你竟敢擅自诛杀我的人！"

至此，刘备的野心已经昭然若揭。刘璋如梦初醒，意识到自己被刘备所骗，立即下令关闭关隘，切断与刘备的所有联系。刘备借此机会，名正言顺地向刘璋宣战。

说干就干，刘备迅速部署军事行动，留中郎将霍峻守葭萌城，派遣黄忠、卓膺、魏延等人率军前行；留关羽总统荆州事务，命诸葛亮、张飞、赵云从荆州领兵沿江而上，分兵占领各郡县，与主力共同围攻成都。自己则率军直抵葭萌关头，以将士家眷为质，掌控全局，收编守军。随后，他与黄忠、卓膺等共进涪城，据为己有。

初战告捷，刘备于涪城大摆庆功宴。酒兴正浓时，他向庞统感慨道："今日之宴，真是欢畅无比。"庞统听后，却语重心长地劝道："攻取他国，却以此为乐，恐非仁者之师所为。"刘备在醉意中未能领悟其深意，反而怒道："武王伐纣时，也是前歌后舞，难道他不是仁者吗？你的话不当，快退下！"随即下令将庞统逐出宴席。

待酒醒之后，刘备深感懊悔，连忙再次请庞统回到宴席。庞统从容就座，饮食如常，仿佛无事发生。刘备主动问道："前日之论，究竟是谁之过？"庞统坦然回答："君臣皆有失当之处。"二人相视一笑，宴会的欢乐气氛再次恢复如初。

劝降刘璋：握住七寸，文武并用

涪城宴会，实际上就是刘备的誓师大典，士气之高昂，令益州震动，成都城内人心动荡不安。

刘璋性格仁厚而懦弱，缺乏军事才能。从事郑度曾向刘璋献策："刘备孤军深入，兵力不满万人，尚未获得民心，以野外谷物为食，无辎重后援。应驱使巴西、梓潼之民迁至涪水以西，焚烧其粮仓与野外谷物，采取坚壁清野之策，静待其势力衰败。若其主动求战，切勿交锋，时日一长，其资源匮乏，必将自行撤退，此时追击，定可擒获。"

此乃古代常用且屡试不爽的策略。刘备闻此策，心生忧虑，急忙向法正求解。法正深知刘璋性格，断言道："刘璋必定不会采纳，无须忧虑。"果然，刘璋以民众为重，对群臣言："吾闻拒敌以保护民众，未闻迁徙民众以躲避敌人。"于是，他未采纳郑度之计，反而将其罢免。因此，蜀地仓库粮食充盈，野外谷物遍布，皆成为刘备的军资。

公元 213 年夏日，刘备率军直指成都，刘璋则三路迎敌：

一路派遣扶禁、向存率兵抄其后路，沿阆水而上，围攻霍峻。然而，霍峻以寡敌众，坚守城池，待敌军懈怠之时，精兵突袭，斩向存之首，守军大败溃逃。

二路派遣刘璝、泠苞、张任、邓贤、吴懿等人正面迎战刘备，皆大败而归，退守绵竹。吴懿见势，投降刘备，被任命为讨逆将军。

三路派遣李严、费观督战绵竹军，二人亦率军归降，同被册封为裨将军。

刘备势力渐强，声名远播，随即派遣将领平定邻近各县。刘璝、张任及刘璋之子刘循退守雒城（今四川广汉北部）。刘备率军围城，张任在雁桥（位于雒城南）英勇迎战，但最终不幸战败。刘备久闻张任忠勇之名，有意招降，然而张任坚决拒绝，说道："我誓不侍奉二主。"刘备深感无奈，最终忍痛下令处斩。

另一战线上，诸葛亮与张飞领兵入川，势如破竹，迅速占领白帝，直逼江州（今重庆）。巴郡太守赵筰与将军严颜虽全力抵抗，但仍未能抵挡。张飞愤怒之下生擒严颜，怒斥道："大军压境，你为何不归降？"严颜神色凛然，回答道："你们侵略我土，我州只有宁死不屈的将军，从无投降之人！"张飞怒不可遏，下令斩首。然而，严颜面对死亡毫无惧色，从容说道："要砍便砍，何必发怒？"张飞的怒气因此消解，亲自为他松绑，并留他在军中效力。

随即，诸葛亮、张飞、赵云分兵攻取各地。诸葛亮进兵德阳，张裔领兵迎战，却在柏下战败，仓皇逃跑。张飞进军巴西，巴西功曹龚谌主动投降。赵云则成功平定江阳与犍为。

至此，刘备集团已然完成对成都的军事包围，整个过程不足一年。

其间，法正曾代表刘备向刘璋发书劝降。在书中，法正首先为自己的背叛寻找借口，他说："我生来缺乏智谋，导致你和刘豫州之间的盟约受到损害。我担心他人不明真相，会将责任归咎于我，使我蒙受终身耻辱，并连累到您。因此，我选择置身事外，不敢再承担任何使命。"接着，他又向刘璋表达了自己的"忠心"："我一直对您坦诚相待，从未有过任何隐瞒。"然而，他接着话锋一转，指出国家运势已经衰微："虽然我已被驱逐，言语也遭到他人的唾弃，但我仍然愿意竭尽我最后的忠诚。"这些言辞，显然是法正在强行给自己找脸面。

随后，法正直击要害，指出刘璋身边的人不懂英雄行事之道。他进一步分析时局，总结了四点：

其一，刘备已经站稳了脚跟，不惧怕任何持久战。您没有洞察到强弱之势，试图以多击少，但战争旷日持久，刘备集团入关以来，所到之处都被攻破。雒城虽然有万兵，但都是疲惫之卒、败将之众。如果您想要一战定胜负，胜负难以预料；但如果打持久战，您的兵粮将先耗尽，难以支撑。

其二，刘备大军已席卷益州大半疆土，深得民心。张飞统领数万精兵，不仅平定巴东，且分兵犍为、资中，三路并进，锐不可当。本以为您能借此良机，凭借敌军远征缺粮、兵少无援的弱点，抵挡住刘备集团的凌厉攻势，然而，现今荆州通道畅通无阻，援军数量较前倍增，更有孙权之弟及李异、甘宁等名将作为坚实后盾。就领土而言，巴东、广汉、犍为等地多已落入刘备之手，巴西亦岌岌可危。益州所倚仗者，仅剩蜀地，而蜀地亦已满目疮痍。三分之二土地沦丧，官吏百姓疲惫不堪，心生叛乱者众多。敌远则民力难支，敌近则主将易位，广汉各县的情况便是明证。

其三，战略要地已然失守，成都、雒城岌岌可危。鱼复（白帝城）与关头（白水关）为益州福祸关键，今二关已失，坚城尽陷，诸军惨败，兵将折损殆尽。敌军多路并进，直逼腹地，成都、雒城成为孤城，存亡已在旦夕之间。

其四，投降实为上策。以我的浅见，尚能察觉此局难以挽回，何况您身边的智谋之士？然而，他们只关注眼前小利，不考虑长远之计，不肯献出良策。一旦局势危急，他们定会各自寻求出路，反复无常，与今日之计大相径庭，不再为您尽忠职守，甚至使您蒙受灾难。我虽然可能遭受不忠之讥，但只求无愧于心，只因我始终秉持忠义之心，对此痛心疾首。左将军刘备与我旧情深厚，实无恶意。我认为，唯有顺应时势，方能保全尊门。

法正之策，若巨石击湖，激起千层浪，不仅震撼了刘璋，更致其军心摇摇欲坠。刘备围攻雒城之际，悲剧突降，军事中郎将庞统亲率精锐攻城，却不幸身中流矢，英年陨落，年仅三十六岁。庞统之死，对刘备而言，犹如断其一臂，史书记载，刘备悲痛万分，每谈及此事，皆泪湿衣襟，难以自抑。至公元214年炎夏，刘备终破雒城，乘胜追击，直指成都。与此同时，诸葛亮、张飞、赵云亦率大军前来增援，四面包围成都，刘璋已陷入绝境。

入主成都：羞耻感淡的人才能笑到最后

当成都面临围攻之时，马超亦从汉中率领其部众向刘备表达了归降之意。马超，字孟起，乃扶风茂陵人氏。其父马腾，于灵帝末年曾与边章、韩遂等人在凉州发动叛乱；及至汉献帝初年，马腾被朝廷册封为征西将军。后来，曹操征召马腾为卫尉，并迫使其远离西北，定居于邺城。

马超以偏将军的身份统率其父旧部，并与关中地区的杨秋等十部势力结盟，共同坚守潼关，抵御曹操的进攻。在公元211年，马超在与曹操的交战中失利，随后转战至陇上地区，诛杀韦康，占据冀城，并自封为征西将军，兼任并州牧，督管凉州军事。然而，好景不长，马超不久便被韦康的部属击败，只好投奔张鲁。但在张鲁麾下，马超并未得到重用，心中郁郁不得志。当得知刘备围攻成都的消息后，马超便秘密致书刘备，表达了归降之意。

刘备闻知马超愿降，心中大喜，立即派遣新降的建宁督邮李恢前往迎接。马超率领部众直抵成都城下，刘备得知消息后，笑称：

"我得益州有望了。"于是，他表面上命人阻止马超入城，暗中却调拨兵力予以支援。马超抵达成都后，刘备令其屯兵于城北。

马超的到来，使得成都城内人心惶惶，蜀郡太守许靖甚至想要越城投降，但因事情泄露而未能如愿。刘璋深知覆亡在即，因此并未诛杀许靖。

刘备在围城数十日之后，派遣从事中郎简雍入城进行劝降。尽管城中仍有数万精兵，但愿意出战的人寥寥无几。刘璋叹息道："我父子在此地经营二十余年，却未曾对民众施以恩德。百姓因我们而遭受战乱之苦，又经历了三年的饥寒交迫，我如何能够心安理得地活在这世上？"

察觉到大势已去，刘璋派遣帐下司马张裔作为使者，前往刘备处。刘备慷慨地答应了他，表示将礼待其君，并安抚其民。张裔完成任务后返回，刘璋随即下令打开城门，与简雍同车出降。群臣见状，无不动容，泪流满面。

刘璋投降后，或许是为了避免尴尬，刘备并未亲自与他会面，而是将刘璋迁至南郡公安，并归还了他所有的财物，甚至连同昔日曹操所赐的振威将军印绶也一并归还。

刘备志在天下，尽管他的手段看起来并不光彩，但考虑到当时那个纷乱的时代，只要他心怀百姓，他的做法就不应受到过分的苛责。

至于刘璋，他虽然平庸无奇，却能审时度势，顺应历史的潮流。他没有进行无谓的抵抗，以免百姓再次遭受灾难。他毅然选择投降，这无疑是一个深明大义的举动，值得称道。

沔阳称王：以正合以出奇，给对手一个惊喜

　　刘备好似一位极具耐心的猎人，在猎物出现之前，他虎行似病，静默守候，洞悉全局，精准地掌握敌方的一举一动，一旦那个合适的时机降临，便会毫不犹疑，迅猛出击，一举将自己想要的猎物拿下。这便是成大事的哲学之一——攻其不备，出其不意。

拒孙权，保三郡，间隙渐生

孙权曾有意图巴蜀，然而因刘备的阻挠而未能如愿以偿。待刘备成功入主成都后，孙权方知自己被骗，心中愤慨难当。

与此同时，留守荆州的关羽部与鲁肃部不断发生边界纷争。尽管鲁肃尽力缓和局势，但孙权、吕蒙等人的谋取荆州之心难以平息，夺取荆州的计划也随着形势的变化而逐渐被提上日程。

公元 215 年夏，孙权派遣诸葛瑾前往蜀地，试图通过外交手段与刘备缓和关系，并谋取荆州三郡。诸葛瑾在诸葛亮的陪同下访问蜀地，兄弟二人各为其主，严格遵守公私分明的原则。

诸葛瑾向刘备转述孙权的意图，希望收回刘备所占的荆州诸郡。刘备却以图谋凉州为由推脱，言称凉州平定后方能归还土地。然而，凉州什么时候才能平定呢？只要刘备不想，就是遥遥无期。

孙权闻讯后，不禁大怒，指责刘备虚言搪塞，毫无归还土地的诚意。盛怒之下，孙权自行设立荆州南三郡的官吏，在长沙、零陵、桂阳，构建起自己的政权。

关羽坐镇荆州，负责为刘备保卫疆土，岂能坐视不理。面对孙权所设的三郡官吏，他毅然下令驱逐。

孙权愤怒至极，立刻调兵遣将，分两路进发。吕蒙率领两万大军，直指长沙、零陵、桂阳；鲁肃则率领一万人马屯兵巴丘，阻止关羽援救。孙权亲临陆口，统率全局。

吕蒙大军压境，长沙太守廖立，无奈弃城而去。桂阳太守原由赵云兼任，但赵云已入蜀地，守军势单力薄，很快失守。唯有零陵太守郝普，坚守孤城，誓死不降。

刘备闻讯后，知道局势危急，于是留下诸葛亮守成都，亲率五万大军返回公安，又令关羽率领三万兵马前往益阳，大战一触即发。

孙权闻讯，急调鲁肃万人移驻益阳。同时召回吕蒙，准备迎战关羽。

吕蒙接令后，暗中策划诱降之策，巧借郝普旧友邓玄之之力，布下精妙局中局。夜色深沉，万籁俱寂之时，吕蒙召集诸将，低声密议，佯装次日将发起攻城之战，同时嘲讽郝普不识时务，虽有忠肝义胆，却对大局缺乏洞察。

随后，吕蒙向邓玄之等人精心编织谎言，谎称刘备于汉中深陷重围，关羽亦受挫，刘备分身乏术，救援无望。他又大肆渲染己方军力强盛，士气如虹，且孙权援军已在途中。吕蒙断言，郝普如今犹如风中残烛，仍幻想刘备救援，实则是牛蹄之水，欲借大江大河之力，实则只是徒劳，毫无依傍。若郝普能振作士气，坚守孤城，或许还能拖延些许时日，等待援军。但吕蒙审时度势，认为此城破亡在即，坚守只会徒增伤亡，让老母白发人送黑发人，何其悲哀？他料定郝普对外界情况一无所知，定会误信援军将至的谎言，望邓玄之等人能为其剖析利害。

邓玄之深信不疑，焦急万分地拜见郝普，转达吕蒙之意。郝普听后，惊恐万分，最终选择投降。吕蒙满面春风地迎接郝普，共乘舟船，并出示孙权急召回援的伪书。郝普阅读之后，方知刘备安然无恙，关羽大军正在逼近，他悔恨交加，羞愧难当。

郝普投降后，吕蒙顺利占领三郡，随即挥师与孙皎、潘璋及鲁肃大军会合，共同抵御关羽于益阳。至此，孙权已稳固控制三郡，战略部署初见成效。

鲁肃屯兵益阳，邀请关羽进行阵前单刀会谈。两军对峙，百步之遥，各有精兵严阵以待。

关羽与鲁肃在阵前相会，鲁肃率先发难，质问关羽："吾主念你败军之困，慷慨借地。如今你得益州，既不归还借地，又不应允三郡之请，究竟为何？"

关羽阵中，突然有人高声言道："土地乃有德者居之，何来定主之说？"鲁肃厉声反驳，言辞恳切有力。关羽大喝一声："此乃国家大事，岂是尔等小人所能知晓！"同时以眼神示意那人退下。此人身份，史书未予记载。

关羽反驳鲁肃道："乌林战役，左将军亲临前线，浴血奋战，击破魏军，怎能空手而归？如今足下欲谋取此地，实乃不合情理！"

鲁肃则以诚挚之态回应："回想长阪之时，豫州兵力匮乏，士气低落，几近溃逃，未敢妄念今日之局。主公念及豫州之艰，不惜倾尽土地兵力以助其脱困。然而，如今豫州却背弃信义，意图鲸吞荆州，此举非君子之行，更无领袖之风。贪求私利而忘恩负义，必将招致祸患。你身为朝中重臣，不思以道义引领时局，反而恃强凌弱，争一时之长短，此等作为，又怎能赢得最终的胜利？"

面对鲁肃的慷慨陈词，关羽一时语塞，深知自己在道义上已处下风。

事实上，尽管他督管荆州，却无权擅自决定割地之事。此番会谈，双方各执一词，意见相左，未能达成一致，自然也就无法判定胜负。

狠下心割肉，才能维持势态平衡

孙、刘两家，原本战事一触即发，却突然之间偃旗息鼓，各自撤回安全区域。这是为何？原来，是曹操来了。这一次，曹操挥军直指汉中。

刘备因为担忧益州安全，紧急派遣使者求和。形势危急，孙权同意议和，并派遣诸葛瑾回访，重新确立了联盟关系。荆州因此被分割，孙权获得了东部的长沙、江夏、桂阳三郡，而刘备则保留了西部的南郡、零陵、武陵三郡。

此次孙、刘再度结盟，其战略意义与初次结盟相比毫不逊色。刘备虽然失去了三个郡，但能将重兵集结于汉中，稳固了益州的北大门，确保了领土的安全。从全局来看，刘备在东线以土地换取和平的策略，在当时无疑是明智之举。

赤壁之战后，荆州七郡的局势发生了巨大变化。曹操占据了南阳郡，江夏郡和南郡则成为孙、刘两方争夺的焦点，而武陵、长沙、桂阳、零陵四郡则归刘备所有。刘备的东线防线大致沿着鄱阳湖、赣水一线展开。

与孙权分割荆州三郡后，洞庭湖、湘水成为新的边界。刘备不仅失去了湘水以东的领土，孙权的军队还能够逼近南郡、公安、益阳等地，这为日后孙权击败关羽、取得夷陵之战的胜利埋下了隐患。

曹操进军汉中，迫使刘备与孙权重修旧好。对于孙权而言，这无疑是一个利大于弊的选择；而对于刘备来说，虽然能够集中兵力于汉中，但东线的局势却变得危机四伏。

此时，偏将军黄权向刘备深刻阐述了汉中的重要性："若汉中失守，三巴之地将难以安定，如同蜀地失去了臂膀。"刘备听后心急如焚，立即任命黄权为护军，领兵迎击张鲁。然而，张鲁坚决不降，并称："宁愿曹公奴，不为刘备座上宾！"

最终，张鲁还是投降了曹操，并在刘备军队抵达之前返回了南郑。由于未能及时认识到汉中的重要性，刘备错过了夺取汉中的良机。汉中的丢失，对刘备来说无疑是一次沉重的打击。

曹操夺取汉中后，委以夏侯渊、张郃、徐晃诸将镇守之责，自己则率主力凯旋班师。

公元 215 年岁末，遵循曹操的战略部署，张郃率部深入益州，目标是迁徙巴西百姓至汉中，其军队直逼宕渠、蒙头、荡石等地。

彼时，张飞正担任巴西太守。当张郃大军压境至宕渠时，刘备尚在江州，于是远程派遣张飞迎击。两军在宕渠一带对峙长达五十余日，胜负依然悬而未决。

然而，张飞军队在战斗中展现出了三大显著优势：

其一，自入蜀以来，张飞军队屡战屡胜，士气高昂，战斗力强；

其二，张飞对巴西地区的地形地貌了如指掌，能够以逸待劳；

其三，张飞掌握的兵力远超张郃，形成了压倒性的优势。

随着战局的推移，张郃由攻转守，被迫困守于几个据点之中，失去了战场的主动权。

张飞则巧妙地运用计谋，诱使张郃离开据点，双方在宕渠瓦口展开决战。张飞亲自率领一万余名精兵，从侧翼对张郃发动突袭。由于山路狭窄，张郃的军队前后无法相互支援，最终被张飞击败。张郃不得不弃马翻山，仅率十余名亲兵从小道侥幸逃脱，余部则撤回南郑。至此，巴西地区恢复了和平与安宁。

再谋汉中，兵者，诡道也

刘备返回成都后，开始筹划主动出击的战略。与此同时，曹操则致力于国内政务，加速推进自己的晋爵称王进程。

从公元 216 年春到公元 217 年冬，刘备与曹操在汉中及益州北部地区保持了近两年的相对和平状态，直至刘备主动打破了这一平衡。

公元 217 年秋，皇帝批准了曹操关于使用天子规格仪仗（冕有十二旒，乘金根车，驾六马，设五时副车）的请求，刘备以此为理由，挥师北上。

刘备的这一决策，很大程度上是受到了法正的鼓舞。法正深入分析了曹操攻占张鲁、平定汉中却未进一步攻略巴蜀的原因，他认为这是由于曹操内部忧患和外部压力所致。他坚信此时正是出击的最佳时机，并力劝刘备采取行动："夏侯渊、张郃的才能，难以与关将军、张将军等人相提并论。挥师北伐，我们必胜无疑。胜利后，我们可以广开屯田、积蓄粮食，相机而动。这样，上可推翻敌国，尊崇王室；中可逐步蚕食雍凉，扩展领土；下可固守要害之地，作为长久之计。这是天赐的良机，我们不能错过。"

儒林校尉周群却不这样认为，他说："即使我们能够夺得汉中之地，也难以得到当地百姓的支持，以偏师出征变数极大，望主公三思，谨慎行事。"

后部司马张裕更是直言不讳："征讨汉中，必败无疑！"

尽管刘备也曾一度犹豫，但汉中一地的战略诱惑实在太大，最终还是欲望战胜了一切。

公元218年春，刘备命诸葛亮留守成都，筹措粮草，以确保军需无虞。随后，亲率赵云、黄忠、魏延等人，沿东路进发，直指汉中；另遣张飞、马超、吴兰等人，从西路出击，攻取曹操重镇下辩。两路大军，浩浩荡荡，杀向曹操。

曹操闻讯，火速派遣曹洪、曹休、辛毗率精锐厉锋军奔赴武都，驻守下辩，对抗张飞、马超、吴兰等人。三月间，曹休献计，建议趁张飞等人尚未集结完毕之际，突袭吴兰。

当时，张飞屯兵于固山，假意要切断曹军退路，为吴兰牵制曹军兵力。曹休判断："张飞若真要断我军后路，必会暗中行动、悄然伏击。如今他大张旗鼓，显然力有未逮。我们应迅速攻击吴兰，一旦吴兰败退，张飞不战自退。"曹洪采纳，突袭吴兰部，斩杀蜀将任夔，吴兰则死于氐人之手。张飞、马超见状，只能退至汉中，西路进攻的计划由此破灭。

刘备的主力大军屯驻在阳平关，与曹操麾下的夏侯渊、张郃、徐晃等人形成对峙之势。曹操的布局极为巧妙，夏侯渊、徐晃扼守阳平关，张郃则据守广石，三者互为犄角。刘备误判敌情，轻视对手，派遣陈式率领十余营兵力突袭马鸣阁栈道，意图切断曹军的后路。徐晃迅速做出反击，大败陈式，蜀军因此损失惨重，刘备反而遭到了围困。

曹操得知此消息后大喜过望，赐予徐晃符节，并称赞道："阁道是汉中的咽喉之地，刘备想要切断它以夺取汉中，但将军一战就破了他的计谋，真是太好了。"

刘备的主力部队转而围攻驻守广石的张郃，意图围魏救赵，同样未能取得战果。

此时，回想起周群、张裕的话，刘备才深刻意识到，即便曹操看上去出现弱势，也绝不能轻视。他急忙向诸葛亮求援，而诸葛亮稍作犹豫后，向从事杨洪征询意见。杨洪力陈汉中对于蜀汉的重要性，"汉中若失，蜀地则危"，并急切地说："现在，凡男子应参战，凡女子应运送物资，发兵还有什么可犹豫的呢？"

之后，大概是因为一直立足不稳，害怕被刘备切断后路，曹操驻扎在四川的军队主动撤回，刘备的主力部队也随之转移到汉中周边地区。双方战线逐渐收缩，最终在阳平关形成了刘备与张郃、夏侯渊对峙的局面。

这一僵局持续了两年多。曹操终于意识到，他的"望蜀"之梦即将破碎，即便守住汉中，也难以扼住益州的咽喉。因此，在邺城休整了两年半之后，曹操决定亲率大军，对刘备发起雷霆一击。

公元 219 年正月，刘备从阳平渡过沔水，在宝山扎营，此地便是定军山。定军山北临汉水，南望汉中，是汉中的又一重要关隘。夏侯渊也派遣兵力争夺此地，并在此重兵布防。

此时法正向刘备献计，应趁敌未稳，发动突袭。刘备高呼甚妙，是夜便遣黄忠，利用高地击鼓为号，率军猛攻。黄忠身先士卒，勇不可当，军士士气高涨，金鼓齐鸣，山谷间回响着激昂的战鼓声。同时，刘备另遣一部放火焚烧曹军的鹿角防御工事。夏侯渊分兵去救张郃，却被黄忠趁机偷袭，夏侯渊战死，曹操所任命的益州刺史赵颙也一同阵亡。

张郃迅速赶来，稳住军心，刘备本想第二天渡河追击曹军，但看到对方已经稳住阵脚，担心在渡河途中会遭到张郃的突袭，于是放弃了追击的念头。

定军山之战是刘备首次战胜曹操，虽然规模不大，意义却十分重大。

此战之后，刘备军队的士气大振，将士们对曹操的恐惧心理得到了缓解；而对于曹操来说，这是一次在用兵上的重大挫折，迫使他将战略从进攻转为防守，他对于巴蜀之地的构想，最终化为了泡影。

袭破上庸，势已成，自领汉中王

公元 219 年三月，曹操自长安穿越崎岖斜谷，挥师南下。为确保不被刘备拦截，曹操先遣精锐抢占战略要点，大军随后压上。此时的刘备信心满满，对负责阻击的将领们坦言道："曹操虽至，却已无力撼动我，汉川必将归我所有。"曹操抵达后，刘备收缩兵力，凭借险要地势坚守，避免与其正面交锋，数场小规模战斗皆以刘备全胜告终。

曹操与刘备在汉中对峙一个多月，始终未能取胜，士气逐渐低落，伤亡不断增加，逃兵现象频发。曹操审时度势，结合地形与兵力对比，深知汉中难以固守，自己的军队已陷入进退两难的境地，最终决定撤军返回长安。当值日军官请示口令时，曹操随口答道"鸡肋"。杨修恃才卖弄，最终因此丧命。

曹操自三月出兵，至五月即还，来也匆匆，去也匆匆。自此，汉中地区被刘备纳入版图，不再归属于魏国。

曹操撤军时，采取了大幅后退的策略，但在汉中与关中之间的交通要冲、兵家必争之地陈仓（今陕西宝鸡东）构筑了坚固防线。这一守势策略虽然看似被动，其实十分高明，有效地遏制了刘备、诸葛亮北进的势头，使得蜀军自此以后再未能越过陈仓一线。

刘备在夺取汉中后，迅速将势力向东西两侧拓展。西北方向，他积极将武装推进至武都地区，旨在控制氐、羌部落；向北，则图谋凉州。

曹操在撤军前，采纳了张既的策略，将氐王部族的五万余人迁移到扶风、天水等地，实施徙民实边和屯田守疆政策。所以，尽管刘备轻而易举拿下武都，但他所得到的几乎是一座空城。

在东线布局上，刘备同样紧锣密鼓。他派遣宜都太守孟达从秭归北伐房陵，孟达成功斩杀太守蒯祺，并继续挥师直指上庸。刘备担心孟达孤军奋战难以支撑，于是派遣刘封从汉中沿沔水南下，与孟达在上庸会合。上庸太守申耽见形势不利，举城投降。

刘备大喜，授申耽征北将军、上庸太守、员乡侯职位，同时任命其弟申仪为建信将军、西城太守，刘封则被提拔为副军将军。然而，尽管孟达立下赫赫战功，却未能获得应有的封赏。

曹操撤军后，刘备成功将凉州的武都郡以及荆州的新城、上庸、魏兴三郡纳入自己的版图，蜀国的势力因此空前壮大。

在稳固汉中之后，刘备认为时机已经成熟，于是在公元219年秋，自领汉中王，其称帝之心已经呼之欲出。

腹背受敌：势强者恃强逆势，弱势已近

《道德经》有云："持而盈之，不如其已。揣而锐之，不可长保。金玉满堂，莫之能守。富贵而骄，自遗其咎。功遂身退，天之道也。"当事业达到顶峰，力量发挥到极致时，就应该有所警醒，及时预防并预见危机。在这一点上，刘备与关羽都没有做好，因而他们的结局令人叹息。

水淹七军，一枝独秀便是自取祸端

曹操从汉中撤退之后，刘备迅速填补了这一空缺，并进一步扩张至湖北的房陵与上庸，与关羽形成有力的战略呼应。回到成都后，刘备指令关羽加大对曹魏的攻势。

公元 219 年七月，关羽命糜芳守卫江陵，傅士仁守卫公安，而他本人则亲自率领大军攻打樊城曹仁。

面对关羽的凌厉攻势，曹操派遣于禁率领三万大军前往救援，与庞德一同在樊城北扎营，形成相互支援的态势。然而，天有不测风云。

两军对峙之际，适逢雨季。八月间，大雨倾盆，连续下了十多天，汉水水位暴涨，关羽掘开河堤，汹涌的洪水无情地涌入樊城，导致城墙多处出现崩塌的迹象，城内人心惶惶，局势岌岌可危。有人向曹仁建议，应趁关羽的包围尚未完全形成，利用夜色掩护，乘坐轻便的小舟突围而出，虽然会失去樊城，但至少能够保全性命。

满宠坚决反对。他认为，洪水虽然凶猛，但其势头并不会持续太久，而且关羽由于担心后方受到袭击，不会全力进攻。如果此时撤退，那么黄河以南的地区将拱手于敌，我们回去有何颜面见主公！

曹仁认为，满宠说得对，遂与满宠等人举行白马盟誓，发誓死守樊城，不成功便成仁。

关羽麾下的水军在滔天洪水的助力下，战斗力得到了极大的增强。

而此时的樊城中，仅剩下数千名士兵，粮草也将近枯竭，而援军却迟迟未到，城中曹仁一支孤军，形势岌岌可危。

关羽在重兵围城的同时，又分兵攻打襄阳，荆州刺史胡修、南乡太守傅方望风而降。

关羽更在南阳等地广泛接纳投降者，实力得到极大扩充，使得曹魏人人心惊。

为了应对危机，曹仁不得不强征南阳民役，进而引发宛城民变。虽然祸端最终被平息，但曹仁、庞德怒而屠城，使曹军在此地大失民心。随后，陆浑的民众也举旗造反，并转身投靠关羽。关羽授予起义军印信和兵器，让他们继续给曹军制造麻烦。

关羽掘河之际，于禁等人的七支军队亦被洪水无情淹没。为了保存数万将士的性命，于禁被迫放弃抵抗。

庞德誓死不降，身披铠甲，手持弓箭，屹立于堤岸之上，箭无虚发，从清晨激战至午后，给蜀军造成了重大伤亡。然而，孤军奋战，终究力有不逮，庞德与三名亲信试图乘小船返回曹仁营地，不料水流湍急，小船翻覆，庞德不幸落水，被关羽所俘。

关羽亲自劝降庞德，庞德傲骨铮铮，拒不跪拜，高声斥骂："魏王拥有雄师百万，威震四方，刘备何足挂齿！我宁做国家的忠魂，也不愿成为贼人的将领！"关羽愤怒之下，下令斩杀庞德。

曹操闻讯，心痛不已，泪流满面，叹息道："我与于禁相知相交三十年，但在危难之际，他的表现反不如庞德！"随即，曹操封庞德的两个儿子为列侯。曹丕即位后，更是特遣使者前往庞德的墓前赐谥，赞扬他"果敢坚毅，勇于蹈难，声名远播当时，义举超越往昔"，并赐予谥号"壮侯"。

十月，曹操返回洛阳，却面临重重困境。关中已落入刘备之手，梁、郏、陆浑等地盗贼蜂拥而起，他们多受关羽的印信封号，与关羽遥相呼应，使得关羽的威名震撼了整个华夏，甚至迫使曹操萌生了迁都以避其锋芒的念头。

在这三雄鼎立的复杂局势中，曹操、孙权、刘备三方都在竭力寻求战胜对手、壮大自身的机会。他们时而联合，时而对抗，因时制宜，决策多变，各方策略更是大相径庭，利害得失各有权衡。

如今的局势非常微妙，曹操失利，刘备势力不断扩张，北扼汉水，南控长江，对东吴构成了严重的威胁。于是，在司马懿、蒋济等人的提醒下，曹操终于顿悟，迅速做出了联吴击刘的正确决策。

局势严峻，孙权也迅速调整战略。据《三国志·吴主传》记载，孙权上书曹操，表示臣服并劝其称帝，实则欲借曹操之力讨伐关羽。

曹操则借皇帝之名，将江南赐给孙权做封地，于是孙、曹之间形成了一个各怀异心、互相利用的联盟。这一联盟的形成，预示着关羽的败局已定。

以假乱真，曹操巧诈关云长

曹孙联盟甫一结成，曹操随即南征关羽。

公元 219 年十月，曹操派遣平寇将军徐晃支援曹仁，并亲自率领大军南下。

面对兵锋正锐的关羽，徐晃担心新招募的士兵难以抵挡，因此选择屯兵阳陵陂，按兵不动。

曹操得知情况后，又派遣徐商、吕建等人前去支援，并严明军令，务必等待兵马集结完成后，再一同布局作战。

关羽为了更好地保障后勤供应和士卒安全，屯兵于郾城。徐晃随即绕道关羽后方，构筑工事。关羽感受到了威胁，引军撤退。徐晃急忙跟进，部署两面连营，步步逼近樊城，却依旧按兵不动。

曹操为了加强对前线作战的指导力，又派赵俨担任参军，急赴两军阵前。

当时徐晃兵力较弱，难以为樊城迅速解围，一些将领开始非议徐晃，认为他畏惧关羽，懦弱怯战，置曹仁及众将士于不顾。

目睹此景，赵俨及时站出来为徐晃站台："如今敌军围城坚固，且水势尚未退去，我军兵力单薄，又与曹仁将军隔绝，如果轻率冒进，无异自取灭亡。我等应遣前军逼近关羽，同时使人与曹仁将军互通消息，激励城中将士坚守待援。等到内外两线军队集结完毕，内外夹击，必能杀退关羽。"赵俨随即表示，如果主公怪罪，自己愿意承担缓救的责任，诸将听后再没有异议。

徐晃按照赵俨谋划，一面挖掘地道接近城内曹仁，一面飞鸽传书与曹仁保持紧密联系。

赵俨之所以敢于承担"缓救"之责，徐晃军营之所以能逼近关羽而不发起突袭，根源在于他们均洞悉了曹操的战略意图——借东吴之力破关羽。

据载，孙权曾致书曹操，言明欲趁关羽后方空虚，遣兵西进，突袭其江陵、公安两地，并恳请曹操为其保密，以防关羽有所防备。

众人皆以为然，董昭却认为，兵不厌诈，军事上的事情要相机制宜，灵活应变，应该表面上答应为孙权保密，然后把消息泄露给关羽。这样一来，既能激励樊城的曹仁部队士气，又能使关羽畏首畏尾，难以抉择。

曹操点头称是，依计而行。

果然，曹仁军闻此消息后，士气大增，而关羽则陷入进退两难的境地：他自认江陵、公安两城防守坚固，孙权一时难以攻克，但又没有十足把握；他认为樊城之战胜券在握，一旦撤离，将前功尽弃，但又忧虑江陵与公安两地的安全。这种矛盾心理导致关羽越发犹豫不决，斗志严重受挫。

曹操见状，进一步增援徐晃。徐晃则利用关羽的疑虑，声东击西，先佯攻围头屯，实则突袭四冢。关羽见四冢告急，亲自率军迎战，却遭徐晃击退，并被其追入包围圈，迎来一场大败。投降关羽的荆州刺史胡修和南乡太守傅方也在此次战役中被杀。

至此，战场形势发生了根本性变化，原本占据优势的关羽军队迅速转为劣势，颓势已难以挽回。

骄兵必败，关羽大意失荆州

眼见关羽在战场上遭遇挫败，孙权与吕蒙开始密谋夺取南郡并擒拿关羽。为了消除关羽的戒备心理，吕蒙假称病重返回建业，途中经过芜湖时，陆逊前来拜访。

陆逊对吕蒙分析道："关羽凭借勇猛轻视他人，水淹七军后更加骄傲放纵。若得知您病重，定会进一步放松警惕。您面见主公时，应妥善筹谋。"吕蒙则故作无奈地说："关羽勇猛无双，且占据荆州，我也没有办法啊。"

吕蒙返回建业后，孙权询问谁能接替他在陆口指挥。吕蒙推荐道："陆逊考虑问题深远，具备担当重任的才能，且名声尚未显赫，不会引起关羽的重视。"孙权随即任命陆逊为偏将军、右部督，接替吕蒙的职务。

陆逊抵达陆口后，立即给关羽写信，信内言辞谦卑，对关羽大加赞赏，表达了自己的仰慕之情，并明确表示不会与关羽为敌。

关羽收到信后，对陆逊愈发轻视，大意地放松了对东吴的警惕。他将原本用于提防东吴的军队调往前线，全力对抗曹操。此时，他的后方已经布满危机。

此外，关羽刚愎自用，不善处理与部下的关系，导致麾下将领心生不满。留守江陵、公安的将领糜芳、傅士仁因军资供应问题，被关羽责罚，心生异志。这些情报，陆逊了如指掌。

此时，关羽因得意而略显轻率，加之粮饷匮乏，贸然夺取了东吴湘关的粮仓。孙权对此迅速反应，蜀吴之战彻底爆发。

吕蒙领兵悄至浔阳，暗藏精锐于船舱之中，甲板上摇橹扬帆者皆着平民衣裳，伪装成商贾，沿长江向江陵进发。关羽的巡哨未能察觉异常，反被逐一俘获。及至此时，关羽对于东吴的动作依然毫无察觉。

陆逊见时机成熟，即刻上报孙权。孙权随即命吕蒙与陆逊为前锋，分道并进，共取荆州。吕蒙挥师攻打公安、江陵，而陆逊则势如破竹，接连攻陷荆州公安、南郡等地。宜都太守樊友弃城逃跑，其余据点官员与蛮夷酋长纷纷投降。陆逊所率的吴军势不可当，占领秭归枝江、夷道，扼守峡口，切断了关羽逃回益州的道路。

当关羽得知消息，匆忙从樊城撤军时，公安、江陵已落入吴军之手。关羽陷入绝境，疲于奔命，军心涣散，只能退守麦城。

孙权预判关羽不会坚守孤城，定会逃亡，遂预先布局，派遣朱然、潘璋于麦城周遭设下埋伏。公元219年十二月，关羽见士卒散尽，孤城难守，无奈仅带十数骑突围而出，却在漳乡遭遇了孙权的伏兵，最终被潘璋的司马马忠等人擒获。关羽及其子关平、都督赵累等人，均不幸被杀。

孙权随即又将刘备所废黜的原益州牧刘璋重新任命为益州牧，高调表示，不承认刘备政权的合法性。

关羽遇难后，孙权内心复杂，既欣慰于大患已除，又忧虑重重。从战略层面考量，他决定拉上曹操给自己垫背，于是将关羽首级献予曹操，同时以诸侯之礼安葬关羽遗体，制造假象，声称是奉曹操之命袭杀关羽。

曹操则顺水推舟，进一步加强了对孙权的笼络，上表举荐孙权为骠骑将军，授予假节之权，兼任荆州牧，并封为南昌侯。孙权深知自己与刘备之间的战争已难以避免，为寻求曹操的支持，亦主动上表向曹操称臣。

谁知没过多久，曹操便重病不治。刘备与曹操的争斗，至此终于画上了句号。

然而，荆州之失，终使蜀汉形成了只能偏安一隅的局面。

再失三郡：赏罚不公，必然人心背离

关羽丢失荆州后，刘备相继再失房陵、上庸、西城三郡，对于这种局面，他本人负有不可推卸的责任。

前文有所提及，刘备曾派遣孟达从秭归北上，成功攻克了房陵，并在此役中歼灭了房陵太守蒯祺的部队。随后，孟达乘胜追击，继续向上庸进发。然而，刘备却做出了一个出人意料的新战略部署——令自己的义子刘封从汉中沿沔水南下，接管并统领孟达的军队，在上庸与孟达会师。上庸太守投降后，刘封与孟达被指派共同驻守该地。

这就相当于，项目经理带着团队废寝忘食攻坚项目，眼见大功告成，老板却把亲信派过来摘桃子，孟达心中对刘备与刘封，焉有不怨愤的道理？忠心从此无从谈起。

上庸太守申耽投降后，刘备封其为征北将军、上庸太守、员乡侯，并任命其弟申仪为建信将军、西城太守。刘封收获战功，被提拔为副军将军，而孟达，一无所获。如此赏罚不公，谁还愿意卖命？

房陵等地临近襄阳，关羽岌岌可危之时，忙向刘封与孟达呼救。

刘封与孟达就是否出兵救援关羽一事展开讨论。孟达直言不讳："以我们目前的兵力，去对抗魏、吴两国的精兵，无异于驱羊战虎，自取灭亡。"这话确实不假，即便刘封与孟达倾尽所有兵力，也极有可能无法解救关羽，反而会让蜀国元气大伤。然而，兵力不足是能力问题，但见死不救就是道德问题了。不过想想孟达所遭受的不公正待遇，似乎也在情理之中。

面对孟达的劝阻，刘封陷入两难境地，无奈地说："你说得对，但关羽毕竟是我的叔父，我怎能置他于不顾？"孟达趁机挑拨离间："你虽视关羽为叔父，他却未必将你放在心上。记得汉中王即位时，欲立继承人，曾派使者到荆州询问关羽的意见。你猜关羽怎么回答？他说刘封是义子，应派往偏远之地，以防日后与亲生子争权。你说，关羽把你放在心上了吗？"

孟达一席话，让刘封心如钢铁。二人便以"边地初附、民心未稳"为由，拒绝出兵救援。关羽因此被孤立，最终战败被俘。

关羽去世后，孟达因担心被追责，加之与刘封关系不和，常受欺压，便率领四千余部曲投降曹魏。不仅如此，他还写信给刘封，信中写道："阿斗昏庸无能，刘备却立他为继承人。将军与他并无血缘关系，不过是路人罢了。"言下之意，是希望刘封也能反水。然而，刘封予以拒绝。

随后，刘封在申仪的猛烈攻击下败退成都。刘备细数其罪状：欺压孟达致其降魏，且见死不救导致关羽身亡。刘备欲将其处斩，却又犹豫不决。诸葛亮虑及刘封性情刚猛，日后恐难以掌控，遂劝刘备借此机会将其除去。刘备深表赞同，于是赐令刘封自裁。刘封临终前悲叹："悔不听孟达之言！"

刘封之死，令刘备深感哀伤，泪流满面。

孟达降魏后，刘备失去了房陵等三郡，战略优势荡然无存，其损失仅次于荆州之失。诸葛亮在处理孟达的问题上显然失当，导致北伐魏国的路线仅剩汉中一路。

称帝成都：没有收拾残局的能力，
就不要掀翻桌子

谈及忍耐，血气方刚的人往往嗤之以鼻，觉得"忍"字便是懦弱退让，很丢面子，辱没身份，因而有时，明知不可为，为了面子，也要强行为之。这大概也是刘备称帝、心性膨胀后的心理状态。也正是这一次意气用事，刘备之前所有的努力，一战之下毁于一旦，匡扶天下的梦想，从此遥不可及。

武担即位，朕这次就要任性一回

曹操去世后，曹丕继位并迫使汉献帝退位，自立为帝。汉献帝虽被降为山阳公，却仍享有万户之邑，获准沿用汉制，在祭天时无须称臣，其四子也均被封侯。

这个消息传到刘备集团，却变成汉献帝已被曹丕杀害，不幸归天。

刘备痛哭流涕，遥祭汉献帝，并为其追封谥号"孝愍皇帝"。同时，再度高举"匡扶汉室，征讨逆贼"的大旗，号召各路豪杰紧紧团结在自己周围，要为汉献帝讨个公道。

汉献帝气得破口大骂。

紧接着，刘备集团效仿曹魏，积极推动称帝进程，大力营造舆论氛围。

中国历史上的皇帝常自诩为天子，因此在称帝前后，总会制造出一些"受命于天"的迹象。刘备也是这个套路，暗中示意蜀汉的官员从古籍和天象中寻找有利证据，证明他应顺应天命。结果，短短时间内，就有八百多人上报了各种天空异象。

当然，也有人对此事持反对意见。益州前部司马费诗就上疏表示，应先击败曹魏，为献帝报仇，再自立为帝，否则势必引起老百姓的非议。尚书令刘巴与主簿雍茂也持有相同观点，他们皆认为此时称帝并不明智。

刘备嘴上说此言甚是，其实根本不作考虑，不久就找个借口杀了雍茂。这一下，没有人敢再提反对意见了，一些原本想要投奔蜀汉的士子，也在此时望而却步。

公元221年四月，刘备于成都武担南，龙袍加身，登基为帝，改元章武，以彰新朝气象。随即，大赦天下，恩泽广布。

登基后，刘备旋即筹谋东征孙权，誓要为关羽报仇雪恨，夷陵之战由此拉开序幕。

然而，事实上刘备并没有做好战前筹备，蜀汉内部对于这场复仇之战的意见也难以统一。

诸葛亮态度微妙，深知此行的艰难险阻，却仍欲在险境中寻求胜利的机会，因此他默许了刘备的行动。

赵云则坚定地站在反对东征的立场上，他主张采取稳健的战略，先集中优势力量消灭魏国，然后再平定吴国，然而，刘备心意已决，对赵云的忠言置若罔闻，于是此行决定不带赵云，留他督守江州。

祭酒秦宓同样挺身而出，直言当前的天时不利于出征，极力劝谏刘备息怒火止干戈。刘备怒而将其囚禁。

此时的刘备，过高估计了自己的实力，已然越发任性起来。

张飞遇害：暴力驭下，自食苦果

与刘备相比，吴国对战争的筹备显得更为充分，朝臣间对于战事的认识高度统一，上下一心，共克时艰。吴国还精心策划了战前的多重布局：

首先，将郡治迁至武昌，以智谋为先，巧取地势便利；

其次，派遣使者诸葛瑾西行至蜀，以求和之名示敌以弱，然而刘备并未接纳此议；

再次，重兵把守，阵势严整，枕戈待旦。

公元221年六月，刘备调集大军集结，七月誓师东进。

他又指派张飞带领巴西的精锐士卒万余人，从阆中启程，意在江州集结。然而，就在张飞即将起兵伐吴之时，不幸降临。

当时，张飞得知关羽遇害的消息，悲痛欲绝，日夜哭泣，泪水浸湿了衣襟。众将领纷纷以酒相劝，试图缓解他的哀伤。然而，张飞在酒醉之后，怒气反而更盛。在军营内外，只要有士兵犯错，便遭到他的鞭打，甚至有多人因此丧命。刘备得知此事后，曾劝诫张飞，对待士兵应宽容为怀，否则早晚会招来祸端。然而，张飞却置若罔闻。

张飞又下令全军在三天内制作白旗白甲，以备全军挂孝出征伐吴。此时，帐下两名副将范强、张达前来禀报："白旗白甲一时难以筹措，恳请将军宽限时日。"张飞闻言大怒："我急于报仇，恨不得明日便挥军直捣敌巢，你们怎敢违抗军令！"话毕，他下令将二人绑在树上，各鞭打五十下。鞭打过后，张飞手指二人，厉声道："明日必须备齐！若再延误，定斩不赦！"二人被打得口吐鲜血，苦不堪言。

回到营地后，范强哀叹道："今日遭受刑罚，我们还如何筹备得起？此人性格暴躁如烈火，倘若明日所需未能备齐，你我皆难逃一死！"张达咬牙切齿地说："与其等他杀我们，不如我们先下手为强！"范强忧虑道："只是我们近不了他的身。"张达则狠下决心："若天意不让我们死，他必醉倒于床榻；若命中注定有此一劫，那他就是清醒的。"二人于是定下了计策。

这天夜里，张飞再度酩酊大醉，沉沉睡于军帐之中。范强与张达得知此消息后，趁夜深人静之时，各自怀揣利刃，悄悄潜入帐内，将张飞杀死。随后，二人趁着夜色，携带张飞的首级，逃往东吴。

张飞作为车骑将军，坐镇巴西，本是伐吴大军中的核心将领，他的突然离世，不仅让西蜀痛失一员猛将，更使三军士气遭受重创。加之赵云未能得到重用，魏延、马超又需固守北方以防北魏，蜀军中能征善战的将领愈发匮乏，战局的胜负天平已悄然倾斜。

陆逊避战，聪明人无谓争意气

张飞罹难，刘备悲恨交加，心性愈发偏执。孙权遣诸葛瑾前来求和，刘备愤然拒绝。公元 221 年七月，刘备亲率四万雄师，誓师伐吴。及至公元 222 年正月，刘备屯兵秭归，随后展开全面攻势。

偏将军黄权深忧深入敌境的危险，恳切进言："吴人骁勇善战，且其水军顺流而下，进攻容易撤退难，臣愿为先锋探敌虚实，陛下随后坐镇。"

刘备未予采纳，反而任命黄权为镇北将军，负责督守江北以防魏军乘虚而入，自己则亲率主力屯驻江南。他命吴班、陈式统率水军攻打夷陵，迅速控制长江两岸及水上通道，又遣侍中马良前往五溪地区，以金帛锦缎赏赐蛮夷，授予官爵，蛮夷各部纷纷响应，刘备的军力因此大增。

同年二月，刘备自秭归横渡长江，率领众将穿越崇山峻岭，最终将营寨扎于夷道的猇亭。与此同时，黄权在江北督军，与刘备的军队在夷陵道上形成掎角之势。

时至夏五月，刘备的营寨绵延七百里，自巫峡直至夷陵，气势恢宏，蔚为壮观。曹丕远眺战局，不禁哂笑刘备："七百里连营，如此布局，何以抵御强敌？"

刘备遣吴班率数千兵马，在平地上扎营挑衅，陆逊的部将们蠢蠢欲动，欲出击迎战，却被陆逊制止，陆逊表示："刘备倾巢而出，士气正旺，且占据险要之地，难以迅速攻克。"他进一步分析道："即便勉强攻下，也难以全胜，万一有失，必将影响全局。我们应当振奋士气，广布疑阵，静待时机。若此地是平原，敌我双方交错混战，或许难以制胜，但如今依山而行，敌军势力难以施展，必定会在山林石间疲惫不堪，到那时，我们便可从容不迫地击败他们。"

众将一时难以理解，以为陆逊畏敌不前，心中颇为不满。刘备见计策未能奏效，便使八千伏兵回营。陆逊笑对诸将："我之所以阻止你们出击，是因为早已料到其中有诈。"众将见此情景，对陆逊越发佩服。

在攻打猇亭的同时，刘备又命张南作为先锋，自秭归长驱直入，将孙桓的万余人马围困于夷道。孙桓向陆逊求援，陆逊却淡然回应："时机尚未成熟。"

众将焦急万分，纷纷嚷道："安东将军被围，怎能见死不救？"

陆逊却从容不迫地说："孙桓深得军心，城池坚固，粮草充足，不必担忧。待我的计策奏效，无须救援，围困自然解除。"后来，陆逊的计策果然成功，刘备大败而归，孙桓感慨万千："昔日我还怀疑将军不救，如今才深知将军用兵如神，令人叹服！"

兵败猇亭：人生大忌就是刚愎自用

吴蜀两军相持数月，刘备始终找不到破敌良机，而陆逊则智谋频出，运筹帷幄。

据《三国志·吴主传》记载，陆逊以灵活多变的战术应对刘备的进攻，巧妙试探敌军的锋芒，成功击溃刘备的五处营屯，斩杀其将领。他深谙刘备的弱点，谋定而后动，上疏孙权，阐述夷陵之地的战略重要性，直言此地得失关乎国家命运，必须全力以赴攻克。他分析道："刘备逆天而行，必将自食其果。臣虽不才，但凭借天子的威严与神灵庇佑，讨伐逆贼必胜无疑。刘备屡战屡败，已不足为惧。他起初水陆并进，如今却舍弃舟船，改为陆地行军，处处扎营，战术布局僵化，请陛下无须忧虑。"

陆逊进一步提出三点见解：夷陵乃战略要地，一旦失守，荆州将危在旦夕；刘备逆天而行，能力有限，胜少败多，如今他舍弃舟船，改为结营固守，此举更易被击破；请孙权安心，自己必将击破敌军，保国家安宁。

时至闰六月，陆逊突然决定发起反攻。众将对此感到困惑，纷纷表示："起初未攻，如今敌军已稳固阵地，此时攻击恐怕无益。"陆逊笑着解释道："刘备狡猾多谋，初时集结军队，深思熟虑，难以撼动其锋芒。然而，如今战事持久，士兵疲惫，士气低落，正是破敌的绝佳时机。"他先是派遣少量兵力试探敌军，虽然初战不利，众将颇有微词，但陆逊却从这次试探中洞察到了破敌之策，他欣喜地说："我已经找到了制胜之道。"

于是，他命令士兵手持茅草，准备火攻。一声令下，各军齐发，火势熊熊，敌军溃不成军，陆逊大获全胜。

史书有载，吴将潘璋勇猛无比，斩冯习于马下，杀伤蜀军无数；朱然则击破蜀军前锋，切断了刘备的后路，迫使其仓皇败退；韩当等将领攻打涿乡，同样取得大胜。与此同时，诸葛瑾、骆统、周胤亦率军挺进猇亭，与主力会合。陆逊指挥若定，吴军集结于猇亭，势如破竹，连破蜀军四十余座营寨，张南、冯习等将领英勇战死，杜路、刘宁等人则投降了吴国。

猇亭一役失利后，刘备无奈退守马鞍山，精心布防以图自保。然陆逊攻势凌厉，四面合围，致使刘备大军土崩瓦解，伤亡惨重。夜幕低垂之时，刘备率轻骑趁暗突围，向着西北方向仓皇撤离。部下兵士溃散四处，幸得驿卒英勇断后，方保刘备一行人狼狈逃至白帝城。此战过后，刘备舟船尽失，军械无遗，江面之上漂满了战士的遗骸。

刘备惨遭败绩，损兵折将，他的心中充满了羞愧与愤恨。他仰天长叹道："我竟然被陆逊如此羞辱，这难道是天意吗？"据

《三国志·孙桓传》记载，刘备败逃后，孙桓率领部队猛追不舍，切断了他的归路。要塞被攻占，近路被截断，刘备只能翻山越岭，狼狈逃窜。他愤恨不已，又怒声道："我当初到达京城时，孙桓还是个孩童，如今竟然逼我至此境地！"

在败退的过程中，傅肜与程畿展现出了英勇无畏的精神。傅肜负责断后，兵士皆已阵亡，他怒斥吴军，最终英勇就义。程畿则逆流而上，面对如潮水般涌来的追兵，他坚决拒绝弃船轻逃，誓死抵抗到底，最终壮烈牺牲。

形势紧急。刘备急忙召赵云来援。

赵云闻召，迅速率部众赶至，力挽狂澜于既倒，使战局陡然逆转。因此，刘备得以重整旗鼓，而孙权则因孤军深入，补给艰难，战局再次变得扑朔迷离。

在刘备败退永安之际，黄权因归途受阻而投降魏国。蜀人欲依法惩处其妻，刘备却慨然说道："黄权并未辜负我，是我辜负了他。"

与此同时，侍中马良所率领的五溪蛮族勇士也在与吴将步骘的激战中败下阵来。马良英勇捐躯，沙场之上再添一个忠魂。

吴蜀复通：利益角逐中没有永远的敌人

    曹丕深谙策略，冷眼旁观吴蜀纷争，静待良机。当刘备大败，孙权决定撤兵时，魏军如猛虎下山，迅速出击，使吴国陷入三面楚歌的境地。昔日里，孙权虽表面上对曹魏俯首称臣，然而内心却另有盘算，他巧妙地回绝了魏使辛毗、桓阶的结盟及质子之请。秋风萧瑟之际，魏军浩浩荡荡南下，曹休、张辽猛攻洞口，曹仁直取濡须，而曹真等人则紧紧包围南郡。

    孙权临危不乱，迅速部署兵力，吕范领水军迎击曹休，诸葛瑾驰援南郡，朱桓则坚守濡须以抗曹仁。然而，吴国境内亦不太平，扬越蛮夷蠢蠢欲动，内乱之火未曾熄灭。在这风雨飘摇之际，孙权展现出高超的外交手腕，一方面向曹丕上书请罪，言辞谦卑，力求缓和关系；另一方面则暗中图谋与蜀国重建外交关系。

    时至十月，孙权致信曹丕，信中情真意切："倘若朕之罪过难以获得宽恕，陛下定然不容我存于世。朕愿将领土与百姓悉数归还，只求能在交州一隅安享晚年。"此外，信中更提及愿为子孙登向曹魏求婚，共谱秦晋之盟。

那时，曹丕对吴国的战争尚未有定论，因此他要求孙权送其子孙登入魏作为人质。看到孙权以低姿态求和，曹丕回信说道："你生于乱世之中，却怀有凌云之志。你降低志向，屈就礼节，以求得今日的安宁。自从你归附我国以来，贡品从未断绝。如今，你我之间的大义已经确定，我又怎会愿意劳师动众，远征江南？虽然我偶尔会有所疏忽，或对你产生疑心，但我仍希望那些传言并非事实，以祈求我国福祚绵长。因此，我先派遣使者去犒赏你的军队，再派尚书、侍中前往重修旧好，与你商定质子之事。然而，你却以虚言推辞，使我的使者受阻，让众人都感到困惑。……现在我读了你的信，言辞恳切，让我深受感动。我即刻下诏，命令各路军队深挖壕沟，高筑壁垒，不得轻举妄动。如果你能表明忠心，消除众人的疑虑，解决纷争，只要孙登一到，我即刻撤军。此言天地可鉴，永不变更，如同大江之水，永不枯竭！"

然而，孙权并未屈服，他坚守着临江的防线，没有应允曹丕送子为质的要求。两军之间偶尔发生摩擦，各有伤亡，局势变得十分微妙。

到了十一月，曹丕亲自前往宛城督战。突然遭遇大风天气，吴将吕范的船只缆绳断裂，直冲魏军营地，魏军趁机斩获大量敌军，吴军因此溃散。曹丕急忙命令渡江追击，但魏军尚未行动，吴国的援军已经赶到，吕范率领的部队得以撤回江南。据传闻，那场大风导致吕范的部队溺亡了数千人，剩余的士兵则逃回了江南。曹休再次命令臧霸袭击徐陵，焚烧敌车，斩杀敌人，但却被吴将全琮、徐盛反击，魏军将领尹卢被斩，士兵被夺。

刘备得知魏军南侵的消息，急忙致信陆逊询问对策："敌军已逼近江陵，我意欲再战，将军意下如何？"然而，字里行间透露出的却是他内心的慌乱与无力。陆逊洞察其虚，回信婉言相劝："贵军新败，尚未恢复元气，此时求和以自保方为上策。倘若不顾后果，以残兵败将相抗，只会徒增伤亡。"一言便戳穿了刘备的虚张声势。

随着魏军步步逼近，刘备退守白帝城，吴国边境亦岌岌可危。孙权唯恐腹背受敌，遂派遣太中大夫郑泉前往白帝城，意图与刘备重修旧好。回想往昔，刘备曾致信孙权，希望他能承认并支持自己称帝，但孙权未予理睬。此次会面，刘备质问郑泉道："吴王为何不回我书信？莫非认为我称帝不妥？"郑泉从容应答："曹氏欺凌汉室，终至篡位。殿下身为汉室宗亲，理应首倡义兵，讨伐逆贼，而非自立为帝。因此，我主并未回书。"刘备听后，虽表面露出愧色，但内心仍坚信自己称帝之举无可厚非。

刘备兵败之后，身心俱受重创。十一月，他染病在身，病情日益加重。与此同时，汉嘉太守黄元因忌惮诸葛亮的威望，趁刘备病危之际举兵反叛。曹魏大军亦趁机压境，对东吴与蜀地构成了严重威胁。为了扭转局势，刘备不得不重新审视对吴策略，并顺应孙权的求和之请。于是，他派遣太中大夫宗玮前往吴国通好。自此以后，蜀吴两国止息干戈，再次迎来了和平与安宁。

白帝城托孤，最后的君臣博弈

刘备在猇亭一役战败后，心情沉重，率领着残兵败将黯然退回了白帝城。每当夜深人静，战场的硝烟与呐喊声便在他脑海中回荡，他的内心充满了无尽的悔恨。身心俱疲的他，在公元222年八月的秋风中终于病倒。起初，他以为只是寻常的痢疾，然而病情却迅速恶化，即便是寻来的名医也束手无策。

刘备躺在床上，望着窗外昏暗的天空，深感自己生命垂危。他开始紧锣密鼓地安排身后之事，希望能够为蜀汉的未来铺平道路。

转眼到了十月，刘备郑重下诏，命令丞相诸葛亮前往成都代为执行郊祭之礼，以向天地表达他的虔诚与敬意。

与此同时，刘备还召见了远在犍为的李严。这位太守兼辅汉将军，一直以来都是刘备心中的股肱之臣。他命李严火速前往永安宫，并委以尚书令的重任，希望李严能够在自己离世后，协助诸葛亮共同承担起托孤的重任。

转眼到了公元 223 年二月。春寒料峭中，刘备再次召见丞相诸葛亮，希望他能够从成都赶赴永安，与自己共同商讨身后事宜。这一次的召见，不仅是对诸葛亮的信赖与期待，更是刘备对自己一生征战的总结与反思。

刘备病重之际，深感时日无多，遂紧急安排后事，将国家大事托付给诸葛亮。《三国志·先主传》与《诸葛亮传》均有记载，刘备在临终前，不仅将国家重任交予丞相诸葛亮，还指定尚书令李严辅佐他。他对诸葛亮深情寄语，称赞其才华远超曹丕，定能安定国家，完成大业。若其子刘禅可辅佐，则请诸葛亮尽心辅助；若不可，则诸葛亮可自取天下。同时，刘备还嘱咐刘禅要像对待父亲一样尊敬诸葛亮。

对于刘备的托孤之举，历史上评价不一，但多持赞扬态度。陈寿在《三国志》中盛赞刘备宏毅宽厚，知人善任，其托孤之举更是君臣至公的典范，为古今所罕见。

然而，晋人孙盛却对此提出异议，认为刘备的托孤之辞过于诡诈，实则是为了巩固儿子的皇位，将诸葛亮逼入绝境。他质疑这种托孤方式是否真正出于对诸葛亮的信任，并指出古代顾命大臣的言辞通常更为谨慎，不会留下篡逆之嫌。孙盛认为，幸亏刘禅昏庸无能，没有猜忌之心，而诸葛亮威望极高，足以震慑异端，才使得朝廷内部没有出现分裂。否则，刘备的托孤之举可能会引发更大的政治危机。

实际上，刘备的托孤之辞确实含有深意，他希望通过这种方式确保儿子的皇位稳固。这种直陈要害的做法，无疑给诸葛亮带来了巨大的压力。诸葛亮不得不誓言表忠心，以消除刘备的疑虑。正如王夫之所言，面对刘备的托孤之辞，诸葛亮若非剖心出血以示忠诚，恐怕也难以消除刘备心中的疑虑。这也正是诸葛亮在接到托孤重任后，含泪发誓要竭尽全力、效忠贞节、以身殉国的原因所在。

刘备的托孤之举，客观地看，亦是一把双刃剑。

其积极效应表现在两个方面：

首先，它有效扩大了诸葛亮的权力范围，进而稳固了蜀汉的时局。在封建皇权更迭之际，权力更替往往伴随着激烈的争夺，特别是在新君年幼、权臣林立的情况下，极易引发动荡与内乱，甚至招致外敌觊觎。刘备深知此理，又鉴于其子刘禅资质平庸，因此深思熟虑后，决定将最高权力暂时委托给诸葛亮，以保住刘氏基业。历史证明，诸葛亮并未辜负刘备的信任与重托。

其次，这一举动强化了诸葛亮为国家尽忠职守的信念，使他长久地处于一种忧虑、感激、义不容辞的精神状态中，誓言要以鞠躬尽瘁、死而后已的精神报答刘备的知遇之恩。据传，诸葛亮在遗文中也表达了至死不忘刘备恩情的决心。

从更广阔的历史视角审视，托孤事件确保了蜀汉政权延续了四十年。

然而，托孤的效应亦不全是正面的，其潜在的负面影响也不容忽视：

一方面，诸葛亮威望之高几乎超越了君主刘禅的权威，按照刘备遗愿，刘禅对诸葛亮敬若父辈，他即位后立即授予诸葛亮武乡侯之位，并允许他在丞相府独立处理政务。不久，又加封诸葛亮益州牧，使得所有政务皆由诸葛亮一人裁决。如此一来，刘禅失去了亲自处理政务的机会，难以积累治国经验，反而加剧了他原本就存在的懦弱无能的问题。

另一方面，权力过度集中于个人之手，加之诸葛亮在培养接替人才方面的不足，客观上造成了蜀汉后期文臣乏善可陈、武将缺乏谋略的尴尬局面，最终导致后继乏人，国家实力日渐衰微。

公元 223 年四月二十四日，刘备于白帝城永安宫结束了他辉煌的一生，享年六十三岁。这一消息如同晴天霹雳，震撼了整个蜀汉朝廷。诸葛亮在悲痛之余，迅速整理心情，以国家大事为重，上奏刘禅：

"大行皇帝仁德广被，如同春日暖阳照耀万物，福泽无边，深得百姓爱戴。然天不假年，病魔缠身，终至膏肓之境，无力回天。本月二十四日，皇帝驾崩，此乃天下之大不幸。然而，国不可一日无君，民不可一日无主。请陛下遵循大行皇帝遗诏，以大宗为重，稳固江山社稷，以慰皇帝在天之灵。大行皇帝遗命，不尚奢华，以期尽快恢复朝廷正常秩序。百官当哀悼三日，以表达对大行皇帝的缅怀之情，三日后除服，各司其职，共襄国家大计。至葬期之日，再行隆重礼仪，以彰显皇帝之尊荣。各郡国官员亦当依此办理，三日除服后，务必恪尽职守，安抚百姓，维护地方稳定。亮亲承大行皇帝遗命，辅佐少主，心怀敬畏，不敢有丝毫懈怠与违背。望皇帝严令诸君共遵遗诏，奉行不渝，共守江山社稷。"

刘备的丧事安排，充分体现了其简丧节葬的思想。他深知国事为重，治丧适度，不可过度哀伤而影响国家大事。故在遗诏中告诫刘禅，一举一动皆需慎重从事，不可因私情而误国。

同时，刘备遗令中央百官及地方郡守、县令等"三日除服"。此举不仅适应了当时形势的需要，更有着深远的移风易俗之意义。他深知百姓疾苦，不愿因自己的离世而使臣僚们过度哀伤，影响国家治理与民生安定。故规定三日后除去孝服，使一切秩序恢复正常，展现了其深邃的人文关怀与治国智慧。

五月，年仅十七岁的刘禅在成都继承了父位，正式成为蜀汉的皇帝。同月，刘备的灵柩也从永安运回成都，追谥"昭烈皇帝"，这是对他一生贡献的肯定与缅怀。到了八月，刘备被安葬于惠陵，一代枭雄就此长眠于地下。